سُچے
پرچارک
بناؤنا

Making Radical Disciples

A training manual to facilitate training disciples in house churches, small groups, and discipleship groups, leading towards a church-planting movement.

By Daniel B. Lancaster, Ph.D.

Published by:

T4T Press

First Printing, 2011

ISBN 978-0-9831387-7-8 printed

Library of Congress Cataloging-in-Publication Data

Lancaster, Daniel B.

Making Radical Disciples: A training manual to facilitate training disciples in house churches, small groups, and discipleship groups, leading towards a church-planting movement. / Daniel B. Lancaster.

Includes bibliographical references.

ISBN 978-0-9831387-8-5

1. Follow Jesus Training: Basic Discipleship–United States.

I. Title.

مواد

کرن والے پکے کم

سکھلاؤنا

١

جی آیاں نوں

خوش آمدید ٹرینرز اور سیکھنے کو متعارف کرانے کی طرف سے ٹریننگ سیشن یا سیمینار کھل جاتا ہے. تربیت کار کو مندرجہ ذیل طور پر حضرت عیسی علیہ السلام کے آٹھ تصاویر سیکھنے متعارف کرانے: فوجی، سالک، شیفرڈ، ، بیٹا، ایک مقدس، نوکر، اور ہاتھ التواء کے ملاپ کے مینیجر کے ساتھ. پر عمل کریں کیونکہ لوگوں کو سن، دیکھ کر، اور کر کی طرف سے سیکھتے ہیں، حضرت عیسی علیہ السلام کی تربیت ہر سیشن میں ان سیکھنے سٹائل کے ہر شامل ہے.

بائبل کا کہنا ہے کہ روح القدس ہماری ٹیچر ہے، سیکھنے کو تربیت بھر میں روح پر انحصار کرنے کی حوصلہ افزائی کی جاتی ہے. سیشن ٹرینرز اور سیکھنے کے درمیان ایک سے زیادہ آرام دہ ماحول، حضرت عیسی علیہ السلام کے ساتھ لطف اندوز کے چیلوں کو قائم کرنے کی قسم فراہم کرنے کے لئے ایک "چائے کی دکان کھولنے کی طرف سے ختم ہو جاتی ہے.

حمد

مُڈھ

سکھان والیاں دی جان سہیانڑ

سکھن والیاں دی جان سہیانڑ

یسوع دی دی جان سہیانڑ

6

انجیل دے وچ یسوع دیاں اٹھ تصویراں

☝ سپاہی
تلوار بلند.

☝ چاہونڑ ہار
آنکھوں کے اوپر ہاتھ کے ساتھ آگے پیچھے دیکھو.

☝ ایالی
آپ کے جسم کی طرف ہتھیار منتقل کے طور پر اگر آپ لوگوں کو جمع ہو رہے ہیں.

☝ کاشت کار
ہاتھوں سے بیج ڈالا.

☝ پتر
منہ کی طرف ہاتھوں کو منتقل ہو جیسا کہ تم کھا رہے ہیں.

☝ صوفی
کلاسک "نماز ہاتھ" لاحق میں ہاتھ ڈال دیا.

☝ خدمت گار
ایک ہتھوڑا.

☝ مختیار
قمیض کی جیب یا پرس میں سے پیسے لے لو.

کیہڑے تن وادھوطریقیاں توں اسی سکھنیں آں؟

سن کے
اپنے کان کے ارد گرد اپنا ہاتھ کپ.

دیکھ کر
آپ کی آنکھوں کی طرف اشارہ.

ایسا
تمہارے ہاتھوں کے ساتھ ایک رولنگ تحریک بنائیں.

انت

چا حاضر اے!

حضرت عیسی علیہ السلام نے کہا: تم کیا ہو جیسے لوگ؟ کس طرح کے لوگوں کے ہیں آپ؟ آپ مارکیٹ میں بیٹھے اور ایک دوسرے کے لئے چللا بچوں کی طرح ہیں، "ہم بانسری ادا کیا، لیکن تم نہیں ناچ گا! ہم جنازہ کا ایک گانا گایا تھا، لیکن تم نے رونا نہیں کرے گا "جان بپتسمہ کھانے اور پینے کے ارد گرد نہیں گئے، اور تم نے کہا،"! جان اس میں ایک شیطان ہے! "لیکن کیونکہ انسان کا بیٹا کھانے اور پینے کے ارد گرد ہوتا ہے، آپ ، کا کہنا ہے کہ "یسوع کھاتا ہے، اور بہت زیادہ شراب پیتا ہے! انہوں نے ٹیکس جمع اور پاپیوں کے ایک دوست بھی ہے "پھر بھی حکمت ہے جو اس کے پیروک کی طرف سے حق ہو دکھایا جاتا ہے. ہے. لوقا ۷:۳۱،۳۵

۲

ودھاؤ

ایک مینیجر کے طور پر ضرب یسوع متعارف کروایا: ان کے وقت اور ھجانا پر بہتر منافع کیا چاہتے ہیں، اور وہ ایمانداری سے جینی کی خواہش ہے. سیکھنے تلاش اپجاؤپن کے لئے ایک بصیرت حاصل 1 (خدا کی پہلی کمانڈ ، لوگوں کوبنی نوع انسان،(2حضرت عیسی علیہ السلام کی آخری کمانڈ،3(222 اصول اور(گلیل اور بحیرہ مردار کے سمندر کے درمیان اختلافات.

سبق یہ بھی ملتا ہے کہ ایک پرہسن فعال سیکھنے کے ساتھ ہے جو تربیت دوسروں کے اور صرف ان کی تعلیم کے درمیان "پیداوار"، یا پھل، میں فرق کا ثبوت کے ساتھ ختم ہوتا ہے.
سیکھنے کو کس طرح ادا کی تعریف خدا کے لفظ کا مطالعہ کرنے کے لئے، اور دوسروں کو وزیر کی تربیت کرنے کا چیلنج کر رہے ہیں. وقت، ھجانا، اور سالمیت کی اس سرمایہ کاری کے ساتھ، سیکھنے یسوع ایک حیرت انگیز تحفہ دینا جب وہ اسے جنت میں دیکھ کر سکیں گے

حمد

عبادت

پڑھائی

جائزہ

آٹھ تصاویر اس کی مدد ہم سے عیسی علیہ السلام پر عمل کیا ہو؟

ساڈی روحانی حیاتی اک غبارے وانگوں اے

یسوع کس طرح دے سن ؟

لیکن جنت میں اپنے خزانے، جہاں کیڑے اور
مورچا کر ڈی نہیں کے لئے محفوظ کردیتے
ہیں، اور جہاں چور میں نہیں ٹوٹتا، اور نہ
چوری. جہاں آپ کی هجانا ہے کے لیے، وہاں
آپ کے دل بھی ہو جائے گا. متی ٦ : ٢٠-٢١

مینیجر
قمیض کی جیب یا پرس سے پیسے لینے کا
دکھاوا.

تین چیزوں کی ایک مینیجر کیا کیا ہیں؟

یہ صرف ایک آدمی سفر پر جا کی طرح ہے انہوں نے اپنے ہی بندوں کو بلایا اور ان کو دیا اس کے مال. کسی ایک کے پاس وہ پانچ پرتیبھا دی، اور دوسرے، دو، اور ان کی خود کی صلاحیت کے مطابق ایک دوسرے کے لئے، ہر ایک کے لئے. پھر وہ سفر پر چلا گیا. فوری طور پر آدمی جو پانچ پرتیبھا موصول گیا تھا، ان کے کام کرنے کے لئے ڈال دیا، اور پانچ سے زیادہ کمائی ہے. اسی طرح، دونوں کے ساتھ آدمی کو دو سے زیادہ حاصل کیا. لیکن وہ آدمی جس نے ایک پرتیبھا حاصل کی تھی چلی گئی، زمین میں ایک سوراخ کھود، اور اپنے مالک کے پیسے چھپا رکھا تھا. ایک طویل وقت کے بعد ان غلاموں کے مالک آیا اور ان کے ساتھ اکاؤنٹس بس. آدمی کو رابطہ کیا جنہوں نے پانچ پرتیبھا حاصل کی تھی، پانچ مزید پرتیبھا پیش کیا، اور کہا، "ماسٹر، تم نے مجھے پانچ پرتیبھا دی. دیکھو، میں نے پانچ مزید پرتیبھا کمایا ہے "اس کے مالک نے اس سے کہا،" اچھا کیا، اچھے اور وفادار غلام! تم چند ایک چیزوں سے زیادہ وفادار تھے، میں نے تم سے بہت سی چیزوں کے انچارج میں ڈال دیا جائے گا. اپنے مالک کی خوشی درج کریں "پھر دو پرتیبھا کے ساتھ انسان بھی رابطہ کیا ہے!. انہوں نے کہا کہ، "ماسٹر، تم نے مجھے دو کے تال دیا. دیکھو، میں نے دو سے زیادہ پرتیبھا کمایا ہے "اس کے مالک نے اس سے کہا،" اچھا کیا، اچھے اور وفادار غلام! تم چند ایک چیزوں سے زیادہ وفادار تھے، میں نے تم سے بہت سی چیزو کے انچارج میں ڈال دیا جائے گا. اپنے مالک کی خوشی درج کریں! "پھر وہ آدمی جو ایک پرتیبھا حاصل کی تھی بھی رابطہ کیا اور کہا،" مالک، میں نے آپ کو معلوم ہے. آپ ایک مشکل آدمی ہے، جہاں آپ نہیں بویا ہے فسل کاٹنے اور جہاں آپ بیج بکھرے ہوئے نہیں ہے جمع ہیں. لہذا میں ڈرتا تھا اور چلا گیا اور زمین میں تمہاری پرتیبھا چھپا رکھا تھا. دیکھو، تمہارے پاس ہے کیا تمہارا ہے. "لیکن اس کے مالک نے اس سے کہا،" تم بری، سست بندے!

اگر آپ کو پتہ تھا کہ میں حاصل ہے جہاں میں نہیں بویا
ہے اور جہاں میں نہیں بکھرے ہوئے ہیں جمع، تو آپ
کو بینکروں کے ساتھ میرے پیسے جمع کرنا چاہیے.
اور جب میں واپس آئے تو مجھے میرے پیسے سود
کے ساتھ موصول واپس. تو اس سے پرتیبھا لے لو اور
جو 10 پرتیبھا ہے اسے دے دو متی ٢٥ : ١٤-٢٨

۱. ________________________________

۲. ________________________________

۳. ________________________________

یسوع دا لوکاں نوں پہلا حکم کیہڑا سی ؟

- پیدائش 1:28 - خدا دنی انہیں؛ اور خدا نے ان
سے کہا، "نتیجہ خیز اور ضرب، اور زمین کو
بھرنے، اور یہ محکوم، اور سمندر کی مچھلی
پر اور آسمان کے پرندوں پر اور اس کے پر
حکمرانی ہر زندہ چیز جو زمین پر چلتا ہے"

____

یسوع دا لوکاں نوں آخری حکم کیہڑا سی ؟

نشان زد 16:15 - انہوں نے ان سے کہا، "ساری دنیا
میں جاؤ اور تمام مخلوق کے لئے اچھی خبر کی تبلیغ."

____

میں کنج ودھا سگدا واں ؟

- 2 تیمتیس - 2:2 - جو تم نے بہت سے گواہوں
کی موجودگی میں مجھ سے سنا ہے جو
دوسروں کو بھی سکھانے کے قابل ہو جائے
گا وفادار مردوں کے لئے ان سپرد.

گلیل / بحیرہ مردار کے سمندر ‌‌‌‌‌‌‌‌‌‌‌‌‌‌‌‌

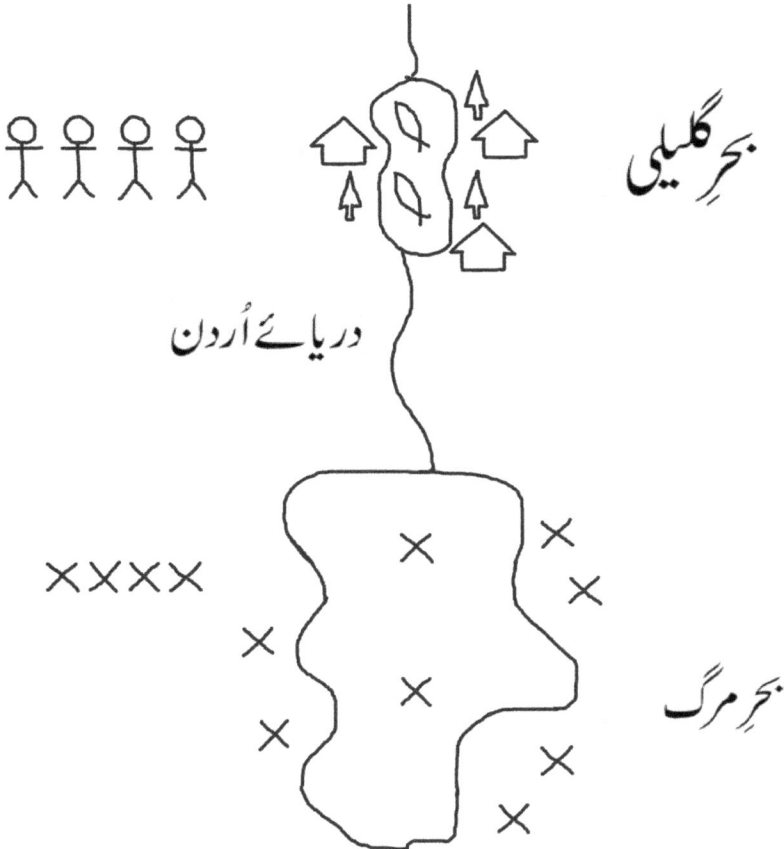

بحرِ گلیلی

دریائے اُردن

بحرِ مرگ

13

یاد داشت آیت

جان 15:8 - یہ میرے والد کی عما، کہ آپ
کو زیادہ سے زیادہ پھل برداشت، اپنے آپ
کو دکھا اپنے چیلوں کو ہونا ہے.

مشق

”جوڑی میں سب سے کم عمر شخص کو رہنما ہو جائے
گا.“

آخر

یسوع لئی اک تحفہ ❧

الحمد
خدا کی تعریف میں ہاتھ اٹھائے.

درخواست
کلاسک نماز میں لاحق ہاتھ رکھو.

بائبل کا مطالعہ
کھجوروں ؤردوگامی رکھو جیسے اگر آپ
ایک کتاب پڑھ رہے ہیں.

حضرت عیسی علیہ السلام کے بارے میں دوسروں
سے کہو
ہاتھ باہر رکھو کے طور پر اگر آپ کے بیج
پھیلا رہے ہیں.

۳

موہ کرو

محبت متعارف ایک شیفرڈ کے طور پر صفات: چرواہوں لیڈ، حفاظت، اور ان بھیڑوں کو کھانا کھلانا. ہم "فیڈ" جب ہم نے ان کو خدا کے کلام سے سکھاتے ہیں، مگر پہلی چیز جو ہم خدا کے بارے میں لوگوں کو سکھاتے ہیں کیا ہونا چاہئے؟ سیکھنے سب سے زیادہ اہم کا جائزہ، شناخت جو محبت کا ذریعہ ہے، اور کس طرح سب سے زیادہ اہم حکم کی بنیاد پر کی عبادت میں دریافت.

تعریف (پورے دل سے خدا سے محبت)، اور نماز کو (تمام روح کے ساتھ خدا سے محبت کر کے)، بائبل کے مطالعہ (تمام ذہن کے ساتھ محبت خدا)، اور مہارت مشق تو (: سیکھنے چار اہم عناصر کے ساتھ ایک سادہ چیلا گروپ کی قیادت پریکٹس ہم ہمارے تمام طاقت کے ساتھ خدا سے محبت کر سکتے ہیں). ایک حتمی پرہسن، "بھیڑ اور ٹائیگرس،" بہت سے مومنوں کے درمیان چیلا گروپوں کے لئے ضرورت کا ثبوت ہے.

حمد

نماز

1. ہم نے کھو دیا ہے لوگوں نے تمہیں بچایا جائے جانتے ہیں کے لئے کس طرح نماز ادا کر سکتے ہیں؟
2. ہم آپ گروپ کی تربیت کر رہے ہیں کے لئے کس طرح نماز ادا کر سکتے ہیں؟

- اگر ایک پارٹنر کی تربیت کی کسی کو بھی شروع نہیں کیا ہے، ان کے اثر و رسوخ کے دائرے میں لوگ جو وہ کرنے کے لئے تربیت شروع کر سکتے ہیں کے لئے دعا کریں.
- شراکت دا ساتھ مل کر دعا کریں.

پڑھائی

جائزہ

آٹھ تصاویر اس کی مدد ہم سے عیسی علیہ السلام پر عمل کیا ہو؟

ودھاؤ

تین باتیں ایک مینیجر کرتا ہے کیا ہیں؟
آدمی کو خدا کی پہلی کمانڈ کیا تھا؟
یسوع مسیح کے آخری آدمی کو کمانڈ کیا تھا؟
میں کس طرح نتیجہ خیز اور گنا ہو سکتا ہے؟
اسرائیل میں واقع دو سمندر ہیں؟
وہ کیوں ہیں اتنا مختلف ہے؟
آپ کون سا کی طرح بننا چاہتے ہیں؟

یسوع کس طرح دے سن ؟

نشان زد 6:34 - جب یسوع کنارے پر چلے
گئے، انہوں نے ایک بڑی بھیڑ کو دیکھا، اور
وہ ان کے لئے ترس محسوس کیا کیونکہ وہ ایک
چرواہا بغیر بھیڑوں کی طرح تھے، اور اس نے
ان بہت سی چیزوں کو سکھانا شروع کر دیا.

✋ شیفرڈ
کے جسم کی طرف ہاتھ میں منتقل کے طور
پر اگر آپ لوگوں کو جمع ہو رہے ہیں.

اپالی کیہڑے تین کم کردا ہے ؟

- زبور 6 23:1 - خداوند میرا چرواہا ہے، میں نہیں
چاہتا ہوں گے. انہوں نے مجھے سبز چراگاہوں میں
لیٹ ہے، اس نے مجھے خاموش پانی کے ساتھ دیئے
گئے طرف جاتا ہے. وہ میری روح بحال، انہوں نے
اس کے نام کی خاطر کے لئے نیک راستے میں
مجھے ہدایت کی جا رہی ہے. اگرچہ میں موت کے
سائے کی وادی کے ذریعے چلنا ہے، میں کوئی برائی
نہیں ڈر ہے، تم میرے ساتھ ہو، آپ کی چھڑی اور
آپ کے عملے، انہوں نے مجھے آرام. میرے دشمن
کی موجودگی میں تم نے مجھ سے پہلے ایک ٹیبل
تیار، آپ ابھیشیک کے تیل سے میرے سر ہے، اپنے
کپ کے. ضرور خیر اور محبت احسان نے مجھے
میری زندگی کے تمام دنوں پر عمل کریں، اور میں
خداوند کے گھر میں رہنے ہمیشہ کے لئے جائے گا.

17

_____ ۱.

_____ ۲.

_____ ۳.

ہوراں نوں سکھلان دا سب توں وڈا حکم کیہڑا اے؟

" نشان زد 12:28 31 - قانون کے اساتذہ میں سے
ایک آیا اور ان پر بحث سنا. دیکھ رہی ہوں کہ صفات
نے ان کو ایک اچھا جواب دیا تھا، انہوں نے اس سے
پوچھا، "؟ تمام احکام، جس میں سب سے زیادہ اہم
ہے" "سب سے زیادہ اہم ایک،" یسوع نے جواب دیا،
"یہ ہے: '، سن اسرائیل، ہمارے رب خدا، رب ایک
ہے. . رب اپنے خدا سے اپنے سارے دل کے ساتھ
اور تمہاری روح کے ساتھ اور آپ کے دماغ کے ساتھ
اور اپنی ساری طاقت کے ساتھ 'دوسری یہ ہے:' سے
محبت کرتے ہیں، خود کے طور پر اپنے پڑوسی سے
محبت کرتے 'ان کے مقابلے میں زیادہ حکم ہے'".

_____ ۱.

✋ ہاتھ خدا کی طرف اوپر کی طرف رکھو.

_____ ۲.

✋ دوسروں کی طرف ہاتھ باہر رکھو.

موہ کتھوں پیدا ہوندا اے ؟

1 - جان - 4:7، 8 - عزیز دوستو، ہم ایک دوسرے سے
پیار کرتی ہوں، کیونکہ محبت خدا کی طرف سے ہے،
اور ہر شخص سے محبت کرتا ہے وہ خدا سے پیدا

کیا گیا ہے اور خدا جانتا ہے. جو شخص محبت نہیں
کرتا خدا کو پتہ نہیں ہے، کیونکہ خدا محبت ہے.

- ہاتھ اوپر کی طرف رکھو اگر تم محبت وصول کر رہے ہیں اور پھر محبت خدا کو واپس دے.

- ہاتھ اوپر کی طرف کے طور پر رکھو اگر تم سے محبت وصول کر رہے ہیں، تو ہاتھ باہر پھیلانے کے طور پر اگر آپ اسے دوسروں کو دے رہے ہیں.

سادہ عبادت کی اے ؟

- الحمد للہ
  خدا کی تعریف میں ہاتھ اٹھاو.

- نماز
  کلاسک "نماز ہاتھ" لاحق میں ہاتھ ڈال دیا.

- مطالعہ
  ہاتھ کھجوروں ؤردوگامی رکھو جیسے اگر آپ ایک کتاب پڑھ رہے ہیں.

- پریکٹس
  ہاتھ آگے پیچھے ہٹو، کے طور پر اگر آپ کے بیج ڈال رہے ہیں.

اسیں سادہ عبادت کیوں پے کرنے آں ؟

نشان زد 12:30 - رب اپنے خدا سے اپنے سارے دل کے ساتھ، اور آپ کی روح کے ساتھ، اور آپ سب دماغ کے ساتھ، اور اپنی ساری طاقت کے ساتھ محبت.

اسیں	تے اسیں	ہتھ دیاں حرکتاں
پورے دلوں خدا نال موہ کرنے آں	حمد	اپنے دل تے ہتھ رکھو تے فیر خدا دی حمد لئی ہتھ چکو
پوری روحوں خدا نال موہ کرنے آں	دعا	اپنے ہتھاں نوں پاسیاں ول بند کرو فیر دعا لئی چکو
پورے دماغ نال خدا نال موہ کرنے آں	پڑھائی	اپنے سر دے سجے پاسے ہتھ نوں انج رکھو جیویں تسیں ,کج سوچ رہے ہو وتے فیر ہتھاں نوں انج نوں اتے کرو جیویں تسیں کوئی کتاب پڑھ رہے ہوو
پوری طاقت نال خدا نال موہ کرنے آں	جیہڑا کج سکھنے آں ہوراں نوں وی سکھلانے آں(مشق)	اپنی باہواں نوں انج حرکت دیوو جیوں تسیں بیجاں نوں کھنڈا رہے ہوو

سادہ عبادت لئی کنے لوکاں دا ہونا ضروری اے ؟

- میتھیو 18:20 - جہاں دو یا تین میرے نام کے میں
کے آنے کے لیے، وہاں میں ان کے ساتھ ہوں.

_____

یاد داشت آیت

- جان 13:34، 35 - تو اب میں آپ کو ایک نیا
حکم دے رہا ہوں: ایک دوسرے سے محبت. جیسا
کہ میں نے تم سے پیار کیا ہے، تم ایک دوسرے
کو پیار کرنا چاہئے. ایک دوسرے کے لئے آپ
کی محبت دنیا کو یہ ثابت ہے کہ آپ میری ہیں.

مشق

"جوڑی میں سب سے قدیم انسان کا رہنما ہو جائے گا."

اخیر

سادہ عبادات

1. کیا اس کہانی کو خدا کے بارے میں ہمیں پتہ چلتا
ہے؟
2. کیا یہ کہانی لوگوں کے بارے میں ہمیں پتہ چلتا ہے؟
3. اس کہانی کی مدد کس طرح مجھ سے حضرت عیسی
علیہ السلام کی پیروی کریں گے؟

پرچارکان دی منڈلی شروع کرنا کیوں ضروری اے ؟

بھیڈاں تے چیتے

٤

دعامنگو

حضور ایک کے طور پر یسوع کے سیکھنے متعارف کرایا نماز. وہ ایک مقدس زندگی رہتا ہے اور ہمارے لئے صلیب پر مر گیا. خدا نے ہمیں حکم دیا ہے سنتوں کے طور پر ہم نے عیسی علیہ السلام کی پیروی کرنے کے لئے ہو. A سنت عبادت خدا، ایک مقدس زندگی، اور دوسروں کے لئے نماز رہتا ہے. نماز میں حضرت عیسی علیہ السلام کی مثال کے بعد، ہم خدا کی تعریف، ہمارے گناہوں کی توبہ، چیزوں کی ہمیں ضرورت کے لئے خدا سے دعا گو، اور جو اس نے ہمیں ایسا کرنے کی پوچھتا برآمد.

خدا نے ہماری درخواست کو چار طریقوں میں سے ایک میں جواب: نہیں (اگر غلط مقاصد کے ساتھ ہم سے دعا گو ہیں)، سست (اگر وقت ٹھیک نہیں ہے)، بڑھنے (اگر ہم مزید پختگی سے پہلے انہوں نے جواب دیتا تیار کرنے کی ضرورت ہے)، جاؤ یا (جب ہم ان کے کلام اور مرضی کے مطابق دعا). سیکھنے خدا کے فون نمبر، 3-3-3، یرمیاہ 33:3 پر مبنی حفظ کر رہے ہیں اور ہر روز خدا "کہتے ہیں" حوصلہ افزائی ہے.

حمد

نماز

1. ہم نے کھو دیا ہے لوگوں نے تمہیں بچایا جائے جانتے ہیں کے لئے کس طرح نماز ادا کر سکتے ہیں؟
2. ہم آپ گروپ کی تربیت کر رہے ہیں کے لئے کس طرح نماز ادا کر سکتے ہیں؟

پڑھائی

ٹیلیفونکھیڈ ☙

جائزہ

آٹھ تصاویر اس کی مدد ہم سے عیسی علیہ السلام پر عمل کیا ہو؟

ودھاؤ

تین باتیں ایک مینیجر کرتا ہے کیا ہیں؟
آدمی کو خدا کی پہلی کمانڈ کیا تھا؟
یسوع مسیح کے آخری آدمی کو کمانڈ کیا تھا؟
میں کس طرح نتیجہ خیز اور گنا ہو سکتا ہے؟
اسرائیل میں واقع دو سمندر ہیں؟
وہ کیوں ہیں اتنا مختلف ہے؟
آپ کون سا کی طرح بننا چاہتے ہیں؟

موہ کرو

تین باتیں ایک چرواہا کرتا ہے کیا ہیں؟
دوسروں کو سکھانے کے لئے سب سے اہم کمانڈ کیا ہے؟
محبت کہاں سے آتا ہے؟

سادہ عبادت کیا ہے؟
ہم سادہ عبادت کیوں ہے؟
یہ سادہ عبادت کرنے میں کتنے لوگوں کو لگتا ہے؟

یسوع کس طرح دے سن ؟

- لوقا 4:33 - 35 - کنیسہ میں ایک دانو، ایک بری روح کی طرف سے ایک آدمی کے پاس تھا. انہوں نے اس کی آواز کے سب سے اوپر دیئے گئے دوہائی دی، "ہا! کیا آپ کو ہمارے ساتھ کیا کرنا چاہتے ہو، ناسرت کا حضرت عیسی علیہ السلام؟ کیا تم نے ہمیں تباہ کرنے کے لئے آئے ہو؟ میں جانتا ہوں جو تم نے خدا کے حضور ایک "ہیں!" چپ رہو! "یسوع نے سختی نے کہا. "اس کے باہر آ جاؤ!" پھر دانو آدمی پھینک دیا ان سے پہلے اور اس کے زخمی کئے بغیر باہر نکل آئے.

"یسوع نے خدا کے حضور ایک ہے. وہ ایک کی ہم پوجا کرتے ہیں. انہوں نے یہ بھی خدا کا تخت اس سے پہلے کہ ہمارے لئے سفارش. انہوں نے ہمیں دوسروں کی جانب سے سفارش کرنے کے لئے اور اس سے منسلک ایک مقدس زندگی جینا کہلاتی ہے. حضرت عیسی علیہ السلام حضور ایک ہے. ہم سنتوں کو ہونے کے لئے کہا جاتا ہے."

🖐 کلاسک "نماز کے ہاتھوں میں ہاتھ ڈالو لاحق

اک صوفی کیہڑے تین کم کردہ ہے ؟

- میتھیو 21:12 - 16 - حضرت عیسی علیہ السلام نے مندر کے علاقے میں داخل اور باہر تمام ہے جو خریدنے اور وہاں فروخت کر رہے تھے نکال دیا. انہوں نے پیسے کی میزیں اور ان کی فروخت کے

بنچوں کو الٹ پلٹ. "یہ لکھا ہے،" انہوں نے ان سے کہا، "میرے گھر میں نماز کے ایک گھر بلایا جائے گا، لیکن تم نے اسے ایک کر رہے ہیں 'ڈاکوں کی ماند." نابینا اور لنگڑے مندر میں اس کے پاس آئے، اور اس نے ا نہیں چنگا. لیکن جب مہایاجکوں اور قانون کے اساتذہ عجیب باتیں اس نے کیا دیکھا اور بچوں کو مندر کے علاقے میں چللا، "داؤد کے بیٹے کو ،" وہ روج تھے. "کیا تمہیں سنتے ہیں جو ان بچوں سے کہہ رہے ہیں؟" انہوں نے اس سے پوچھا. "جی ہاں،" یسوع نے جواب دیا، "کیا تم نے پڑھا، کبھی نہیں" آپ کی تعریف کا حکم دیا ہے بچوں اور بچوں کے ہونٹوں سے '؟"

۱. ______________________________

۲. ______________________________

۳. ______________________________

سانوں کس طرح دعا منگنی چاہیدی اے ؟

- لوقا 10:21 - انہوں نے کہا کہ بہت وقت روح القدس میں بہت لطف ہے، اور کہا، "میں آپ کی تعریف، O والد، آسمان اور زمین کے رب نے تم سے ان چیزوں کو مخفی ہے عقل مند اور سمجھدار اور ہے بچوں کے لئے ان انکشاف کیا ہے. جی ہاں، والد، اس طرح کے لیے بھی آپ کی نظر میں باتا رہا تھا.

۱. ______________________________

عبادت میں ہاتھ اٹھایا.

- لوقا 10:18 14 - دو مردوں کو دعا کے مندر میں گئے تھے. ایک ایک ہے اور دوسرے کو ٹیکس کلکٹر تھا. خود ختم کھڑے ہوکر دعا کی، خدا، میں آپ کا شکریہ کہ میں لالچی، بے ایمان، اور دوسرے لوگوں کی طرح شادی میں بیوفا نہیں ہوں اور مجھے واقعی خوشی ہے کہ میں وہاں سے زیادہ ہے کہ ٹیکس کلکٹر کو پسند نہیں کر رہا ہوں. میں بغیر جانے دونوں ایک ہفتے کے دن کے لئے کھا، اور میں تم سب میں کمانے میں سے ایک دسواں حصدیتے ہیں. " ٹیکس کلکٹر ایک فاصلے پر کھڑا ہوا اور اس نے نہیں لگتا ہے کہ وہ کافی اچھا بھی آسمان کی طرف نظر تھا. وہ اس نے کیا کیا تھا کے لئے بہت افسوس ہے کہ وہ ان کے سینے میں کافی جانیں ضائع کیا اور دعا کی، "خدا مجھ پ افسوس کی بات ہے! میں ایسے گنہگار ہوں." تب صفات نے کہا، "جب دو آدمیوں کو گھر چلا گیا، یہ ٹیکس کلکٹر اور نہیں جو خدا کو باتا کیا گیا تھا اگر آپ خود کو دوسروں سے زیادہ ڈال دیا، تم نیچے جائے گا لیکن اگر آپ شائستہ اپنے آپ کو، آپ کو قدر کی جائے گی. ہے."

۲. ____

کھجوروں جاوک چہرہ تبرکشن کر رہے ہیں، سر دور کر دیا.

- لیوک 11:9 - تو میں آپ کو کہتے ہیں،
پوچھتے رہتے، اور یہ آپ کو دیا جائے گا.
تلاش رکھو، اور آپ کو مل جائے گا. دستک،
اور آپ کو دروازے کھولے جائیں گے رہو.

۳. ____

ہاتھ کو وصول کرنے کے.

- لوقا 22:42 - والد صاحب، اگر آپ چاہتے ہیں، اس کپ مجھے باوجود -سے دور لے، میری مرضی نہیں، لیکن تمہارا کیا جائے.

_____ ٤.

✋ ہاتھ نماز میں سامنے سر پر باندھے اور ہائی رکھا احترام کا پرتیک ہے.

رل مل کے دعا منگو

خداوند سانوں کس طرح جواب دیں گے ؟

- میتھیو 20:20 22 - اس کے بعد جیمز اور جان کی ماں، جبدی کے بیٹوں، اپنے بیٹوں کے ساتھ حضرت عیسی علیہ السلام کے پاس آیا. وہ احترام سے حق سے پوچھنا. "آپ کی درخواست پر کیا ہے؟" اس نے پوچھا. اس نے کہا، "آپ کے ریاست میں، تو براہ مہربانی بتائیں اپنے دو بیٹوں کی عزت کا آپ کے بائیں طرف آپ کے حق اور دوسرے پر جگہوں پر آپ کو اگلے ایک میں بیٹھ کر کریں." لیکن یسوع نے ان سے کہہ کر جواب دیا، تمہیں پتہ ہے کہ "نہیں تم کیا کرتے پوچھ رہے ہو! آپ اس شکار میں پینے کے بارے میں ہوں کی کڑوی کپ سے پینے کے قابل ہیں؟" ""اوہ ہاں،" انہوں نے جواب دیا، "ہم کر سکتے ہیں!"

_____ ١.

✋ شیک سر اشارہ "نہیں."

- جان 11:11 15 - کے بعد وہ اس نے کہا تھا، وہ پر چلے گئے ان کو بتانے کے لئے، "ہمارے دوست لاجر

سو گیا ہے، لیکن میں وہاں جا رہا ہوں اسے جاگنا." اس کے چیلوں نے جواب دیا، "رب، اگر وہ سوتی ہے، وہ بہتر ہو" حضرت عیسی علیہ السلام نے ان ک ی موت کی بات کریں گے.، لیکن اس کے چیلوں نے سوچا تھا کہ وہ قدرتی نیند کا مطلب ہے. تو انہوں نے انہیں واضح طور سے کہا تھا، "لاجر مر گیا ہے، اور تمہارے لئے مجھے خوشی ہے کہ میں وہاں نہیں تھا، تاکہ تم یقین کر سکتے ہیں. لیکن ہمیں اس کے پاس جاؤ"

.٢ ______________________________

ہاتھ ایک گاڑی کو سست کرنے جیسے نیچے دھکا.

- لوقا 9:51-56 - جیسے جیسے وقت کے لئے اس جنت میں چڑھ کرنے کے قریب متوجہ کیا، یسوع یروشلم کے لئے نکلے. انہوں نے دوتوں سے آگے سمارٹن کے ایک گاؤں میں ان کی آمد کے لئے تیار کرنے کے لئے بھیجا. لیکن گاؤں کے لوگ یسوع وہاں رہنا نہیں چاہتے تھے. جب جیمزاو ر جان اس نے دیکھا، انہوں نے کہا کہ یسوع کو "رب، ذیل میں ہم نے آس مان سے آگ انہیں جلا رابطہ کرنا چاہئے؟ لیکن حضرت عیسی علیہ السلا م کو دیا اور انہیں ڈانٹا. تاکہ وہ کسی دوسرے گاؤں چلا گیا.

.٣ ______________________________

ہاتھ میں بڑھتی ہوئی پلانٹ خاکہ.

- جان 15:7 - لیکن اگر آپ مجھ میں رہتے ہیں،
اور میری باتیں آپ میں رہتے ہیں تم جو چاہو
پوچھو،، اور اسے وقت دیا جائے گا ہو سکتا ہے!

٤. ____

ہیڈ یہ اشارہ دیا "ہاں" اور ہاتھ کا اشارہ دے، "جا" کے وارڈ کے لئے آگے بڑھ رہے ہیں.

یاد داشت آیت

- لیوک 11:9 - تو میں آپ کو کہتے ہیں،
پوچھتے رہتے، اور یہ آپ کو دیا جائے گا.
تلاش رکھو، اور آپ کو مل جائے گا. دستک،
اور آپ کو دروازے کھولے جائیں گے رہو.

مشق

"جوڑی میں چھوٹا شخص رہنما ہو جائے گا."

اخیر

خداوند دعا فون نمبر

- ییرمیاہ 33:3 - تم فون کرو اور میں آپ کو
جواب دے گا، اور میں تم سے عظیم اور طاقتور
چیزیں ہیں، جو تم نہیں جانتے بتا دیں گے.

دو ہتھ تے دس انگلاں

۵

حکم منو

اطاعت ایک نوکر کے طور پر حضرت عیسی علیہ السلام کے لئے سیکھنے کا متعارف کرایا ہے: بندوں لوگوں کی مدد، وہ ایک شائستہ دل ہے، اور وہ اپنے مالک کی اطاعت ہے. اسی طرح حضرت عیسی علیہ السلام کی خدمت اور ان کے والد کے بعد میں، اب ہم اور صفات کی پیروی کی خدمت. تمام اتھارٹی کے ساتھ ایک کے طور پر، انہوں نے ہمیں دیا اطاعت کرنے کے لئے چار حکم دیتا ہے: جانے، چیلوں کے بنانے، بپتسما، اور ان تمام وہ حکم ہے اطاعت سکھانے کے لئے. حضرت عیسی علیہ السلام نے یہ بھی وعدہ کیا ہے کہ وہ ہمیشہ ہمارے ساتھ ہو گی. اور جب عیسی ایک کمانڈ دیتا ہے، ہم اس وقت کے سب اطاعت، فوری طور پر محبت کا ایک دل سے کرنا چاہئے، اور.

زندگی میں طوفان ہر کسی کو آتے ہیں، لیکن عقل مند آدمی نے حضرت عیسی علیہ السلام حکم دیتا ہے اطاعت زندگی بناتا ہے، بے وقوف شخص نہیں کرتا ہے. آخر میں، سیکھنے کا شروع سے ایک 29 کا نقشہ، ان کی فصل کی فیلڈ کی ایک تصویر پر کام کرتا ہے، جس میں وہ سیمینار کے آخر میں پیش کریں گے.

حمد

نماز

1. ہم نے کھو دیا ہے لوگوں نے تمہیں بچایا جائے جانتے ہیں کے لئے کس طرح نماز ادا کر سکتے ہیں؟
2. ہم آپ گروپ کی تربیت کر رہے ہیں کے لئے کس طرح نماز ادا کر سکتے ہیں؟

پڑھائی

فنکی چکن کرو! ∞

جائزہ

آٹھ تصاویر اس کی مدد ہم سے عیسی علیہ السلام پر عمل کیا ہو؟

ودھاؤ

تین باتیں ایک مینیجر کرتا ہے کیا ہیں؟
آدمی کو خدا کی پہلی کمانڈ کیا تھا؟
یسوع مسیح کے آخری آدمی کو کمانڈ کیا تھا؟
میں کس طرح نتیجہ خیز اور گنا ہو سکتا ہے؟
اسرائیل میں واقع دو سمندر ہیں؟
وہ کیوں ہیں اتنا مختلف ہے؟
آپ کون سا کی طرح بننا چاہتے ہیں؟

موہ کرو

تین باتیں ایک چرواہا کرتا ہے کیا ہیں؟
دوسروں کو سکھانے کے لئے سب سے اہم کمانڈ کیا ہے؟
محبت کہاں سے آتا ہے؟

سادہ عبادت کیا ہے؟
ہم سادہ عبادت کیوں ہے؟
یہ سادہ عبادت کرنے میں کتنے لوگوں کو لگتا ہے؟

دعا منگو

تین چیزوں کی ایک سنت آتی ہے کیا ہیں؟
ہم کس طرح ادا کرنا چاہئے؟
خدا نے ہمیں کس طرح جواب دیں گے؟
خدا کا فون نمبر کیا ہے؟

یسوع کس طرح دے نیں ؟

نشان زد 10:45 - انسان کے بیٹے کے لئے بھی خدمت کرنے نہیں آیا، لیکن دوسروں کی خدمت کرنا، اور بہت سے لوگوں کے لئے تاوان کے طور پر اپنی زندگی دینے کے لئے.

ہتھوڑا دکھاوا.

اک خدمت گار کیہڑے تین کم کردہ ہے ؟

8 2:5 تمہارا رویہ ہے کہ مسیح عیسی علیہ السلام کے طور پر ایک ہی ہونا چاہئے: کون، بہت نوعیت خدا میں کیا جا رہا ہے، خدا کے لئے کچھ جائے کے ساتھ مساوات کے بارے میں غور نہیں کیا، لیکن خود کچھ بھی نہیں بنا دیا، بہت فطرت لے کر ایک نوکر کی، انسانی شکل میں بنایا جا رہا ہے. اور ایک آدمی کے طور پر ظہور میں پایا، اس نے اپنے آپ کو دین اور ایک صلیب پر موت کی بھی موت کے فرمانبردار بن گیا!

۱. ____________________

۲. ____________________

۳. ____________________

دنیا چ سب توں وڈا حاکم کون اے ؟

- میتھیو 28:18 - پھر حضرت عیسی علیہ السلام ان کے پاس آیا اور کہا، "جنت میں اور زمین پر تمام اتھارٹی نے مجھے دیا گیا ہے."

____

یسوع نے اپنے ہر مننن والے نوں کیہڑے چار حکم دتے نیں ؟

میتھیو 28:19 a20 - لہذا جاؤ اور سب قوموں کے چیلے کر سکتے ہیں، بیٹا اور روح القدس کے ان کے والد کے نام میں بپتسما اور، اور ان سب کچھ میں نے آپ کا حکم دیا ہے اطاعت کے لئے تدریسی.

۱. ____________________

انگلیاں آگے بڑھو "چلنا."

۲. ____________________

حمد، دعا، مطالعہ، مشق،: تمام چار سادہ عبادات سے ہاتھ التواء کا استعمال کریں.

۳. ______________________________

☝ اپنے دوسرے کہنی اپنا ہاتھ رکھ دو، کہنی تک منتقل اور نیچے کے طور پر اگر کوئی جا رہا ہے بپتسما دیا.

٤. ______________________________

☝ ہاتھ ایک دوسرے کے ساتھ کے طور پر رکھو اگر آپ ایک کتاب پڑھ رہے ہیں، اور پھر "کتاب" کو درست کرنے کے لئے آگے پیچھے چھوڑ سے بڑھنے کے طور پر اگر آپ لوگوں کو سکھا رہے ہو.

سانوں کنج یسوع دا حکم مننا چاہیدہ اے ؟

۱. ______________________________

☝ آپ کے بائیں طرف سے دائیں ہاتھ سے دائیں طرف منتقل کریں.

۲. ______________________________

☝ ایک رفتار میں اوپر سے نیچے تک ہاتھ کو منتقل.

۳. ______________________________

☝ سینے پر ہاتھ کراس اور پھر خدا کی تعریف میں ہاتھ اٹھائے.

یسوع نے ہر مننن والے نال کی وعدہ کیتا اے ؟

- میتھیو 28:20 ب - اور یقینا میں تمہارے ساتھ ہمیشہ عمر کے آخر تک ہوں،.

یاد داشت آیت

- جان 15:10 - جب تم نے میرے احکام کی اطاعت، آپ میرے پیار میں رہتے ہیں، جیسا کہ میں نے اپنے والد کے احکام کی اطاعت اور اس کے پیار میں رہے.

مشق

"جوڑی میں بلند ترین شخص رہنما ہو جائے گا."

اخیر

سچی مڈھ تے کھلونا ☙

- میتھیو 7:24، 25 - کوئی بھی جو سنتا ہے اور عمل کرتا ہے میری ان تعلیمات کو جو ٹھوس چٹان پر ایک گھر بنایا ہے ایک عقل مند شخص کی طرح ہے. بارش نیچے انڈیل دیا، دریاؤں میں سیلاب، اور ہواؤں کو اس ک ے گھر کے خلاف شکست دی. لیکن یہ گر نہیں کیا کیونکہ یہ ٹھوس چٹان پر تعمیر کیا گیا تھا.

- میتھیو 7:26 27 - کوئی بھی جس نے میری تعلیمات کو سنتا ہے اور کیا ان کی اطاعت نہیں ہے جو ریت پر ایک گھر بنایا ایک بے وقوف شخص کی طر ح ہے. بارش نیچے انڈیل دیا، دریاؤں میں سیلاب، اور ہواؤں کو دھماکے سے اڑا دیا اور اس کے گھر کے خلاف شکست دی. آخر میں، یہ ایک حادثے کے ساتھ گر گیا.

اعمال ٢٩ دا نقشہ - حصہ 1 ☙

٦

راه چلو

واک ایک بیٹے کے طور پر حضرت عیسی علیہ السلام کے لئے سیکھنے کا متعارف کرایا ہے: ایک بیٹا / بیٹی ان کے اعزاز / اس کے والد، اتحاد کی خواہش رکھتے ہیں، اور اس کے خاندان کو کامیاب کرنے کے لئے چاہتا ہے. والد حضرت عیسی علیہ السلام کو "محبوب" کو بلایا اور روح القدس اس کی بپتسما میں یسوع پر اترا. یسوع نے ان کی وزارت میں کامیاب رہا ہے کیونکہ وہ روح القدس کی طاقت پر انحصار ہے.

اسی طرح، ہم نے ہماری زندگی میں روح القدس کی طاقت پر انحصار کرنا ہوگا. ہم چار روح القدس کے بارہ میں اطاعت کرنے کے لئے حکم دیتا ہے: روح کے ساتھ واک کیا روح غم، روح سے بھرا ہوا نہیں، اور روح کو نہیں بجھا. یسوع نے ہمارے ساتھ آج ہے اور ہماری مدد کے لئے بھی انہوں نے گلیل کی سڑکوں پر لوگ مدد کی چاہتا ہے. ہم یسوع کو فون کر سکتے ہیں اگر ہم کچھ ہے جو ہمیں اس پر عمل کرنے سے روک رہا ہے شفا یابی کی ضرورت ہے.

حمد

نماز

1. ہم نے کھو دیا ہے لوگوں نے تمہیں بچایا جائے جانتے ہیں کے لئے کس طرح نماز ادا کر سکتے ہیں؟
2. ہم آپ گروپ کی تربیت کر رہے ہیں کے لئے کس طرح نماز ادا کر سکتے ہیں؟

پڑھائی

گیس توں باہر ☙

جائزہ

آٹھ تصاویر اس کی مدد ہم سے عیسی علیہ السلام پر عمل کیا ہو؟

ودھاؤ

تین باتیں ایک مینیجر کرتا ہے کیا ہیں؟
آدمی کو خدا کی پہلی کمانڈ کیا تھا؟
یسوع مسیح کے آخری آدمی کو کمانڈ کیا تھا؟
میں کس طرح نتیجہ خیز اور گنا ہو سکتا ہے؟
اسرائیل میں واقع دو سمندر ہیں؟
وہ کیوں ہیں اتنا مختلف ہے؟
آپ کون سا کی طرح بننا چاہتے ہیں؟

موہ کرو

تین باتیں ایک چرواہا کرتا ہے کیا ہیں؟
دوسروں کو سکھانے کے لئے سب سے اہم کمانڈ کیا ہے؟
محبت کہاں سے آتا ہے؟

سادہ عبادت کیا ہے؟
ہم سادہ عبادت کیوں ہے؟
یہ سادہ عبادت کرنے میں کتنے لوگوں کو لگتا ہے؟

دعا منگو
تین چیزوں کی ایک سنت آتی ہے کیا ہیں؟
ہم کس طرح ادا کرنا چاہئے؟
خدا نے ہمیں کس طرح جواب دیں گے؟
خدا کا فون نمبر کیا ہے؟

حکم منو
تین چیزوں کی ایک نوکر آتی ہے کیا ہیں؟
سب سے زیادہ اتھارٹی کون ہے؟
چار حکم دیتا ہے صفات ہر مومن کے لئے دیا ہے کیا ہیں؟
ہم یسوع کو کس طرح کی اطاعت کرنا چاہئے؟
ایک وعدہ صفات ہر مومن کے لئے دیا ہے کیا ہے؟

یسوع کس طرح دے سن ؟

- میتھیو 3:16 17 - کے بعد حضرت عیسی علیہ السلام کے بپتسما دیا گیا تھا، اس نے پانی سے چلا گیا فوری طور پر. آسمان اچانک اس کے لئے کھول دیا، اور انہوں نے خدا کو کبوتر کی طرح اترتے ہیں اور اس پر نیچے آنے کی روح کو دیکھا ہے. اور آسمان سے ایک آواز آئی: "یہ میرا پیارا بیٹا ہے. مجھے اس میں خوشی !

منہ کی طرف ہاتھ جیسے اگر آپ کھا رہے ہیں ہٹو. بیٹوں میں بہت کھاتے ہیں!

اک پتر کیہڑے تین کم کردا ہے ؟

- 17:4 جان، 18-21 - (عیسی علیہ السلام کا کہنا ہے کہ ...) میں تم سے عما یہاں لایا کام تم نے مجھے ایسا کرنے دیا مکمل کر کے زمین پر جیسا کہ آپ نے مجھے دنیا میں بھیجا، میں نے انہیں دنیا میں بھیج رہا ہوں. اور میں خود ان کے لئے ایک مقدس قربانی کے طور پر دے تو وہ مقدس آپ کی سچائی کی طرف سے بنایا جا سکتا ہے. میں نہ صرف ان کے چیلوں کے لئے لیکن جنہوں نے ان کے پیغام کے ذریعے مجھ پر کبھی یقین نہیں کرے گا کے لئے بھی درخواست کر رہا ہوں. میں درخواست کرتا ہے کہ وہ کسی ایک کے، جیسا کہ آپ اور میں ایک طور پر آپ نے مجھے، فادر میں ہیں ہو جائے گا، اور میں تم سے میں ہوں. اور وہ ہم میں اتنی ہو کہ د خیال ہے کہ آپ نے مجھے بھیج دیا جائے گا ہو سکتا ہے.

۱. ____________________

۲. ____________________

۳. ____________________

یسوع دی وزارت کیوں کامیاب اے ؟

- لوقا 4:14 - (اس کے فتنہ کے بعد) اور یسوع مسیح نے روح کی طاقت میں گلیل کرنے کے لئے واپس آئے، اور سب کے ارد گرد ضلع کے ذریعے اس کے بارے میں خبریں پھیلا.

____

یسوع نے سلیب دے آگے روح القدس دے بارے وچ مومناں نال کی وعدہ کیتا اے ؟

- جان 14:16 18 - اور میں نے والد صاحب سے پوچھو، اور وہ آپ کو ایک اور تمہیں سچ کے ہمیشہ کے لئے روح کے ساتھ رہنے کے لئے قونصلر دے گا. دنیا نے اسے قبول نہیں کر سکت ے ہیں، کیونکہ یہ نہ تو اسے دیکھتا ہے اور نہ ہی اسے جانتا ہ ے. لیکن تم اسے جانتے ہو، کے لئے وہ آپ کے ساتھ رہتا ہے اور میں تم ہو جائے گا. میں یتیموں کے طور پر آپ کو چھوڑ کر نہیں جائے گا، میں آپ کو آئے گا.

۱. ________________________________

۲. ________________________________

۳. ________________________________

٤. ________________________________

یسوع نے سلیب دے آگے روح القدس دے بارے وچ مومناں نال کی وعدہ کیتا اے ؟

- 1:8 کام کرتا ہے - لیکن آپ کو طاقت حاصل ہے جب روح القدس تم پر آئے گا. اور تم یروشلم میں، اور سب یہودیا اور سامریا میں میرے گواہ ہو، اور زم ین کی چھور کو گا.

____

روح القدس دے چار حکم کیہڑے نیں ؟

- 5:16 - لیکن میں کہتے ہیں، روح کی طرف سے
چلنا، اور آپ باہر نہیں لے جسم کی خواہش کرے گا.

۱. ______________________________

دونوں ہاتھوں پر انگلیاں "چلو".

- افسیوں 4:30 - اور کا غم نہیں خدا کے روح القدس،
جو تم چھٹکارے کے دن کے لئے پر مہر لگا کر.

۲. ______________________________

آنکھوں رگڑو طرح ہلا سر سگنل تو تم رو
رہے ہیں "نہیں".

- افسیوں 5:18 - شراب کے نشے میں ہو نہیں
کیا، کیونکہ کہ آپ کی زندگی برباد کر دے گا.
اس کے بجائے، روح القدس سے بھرا ہوا ...

۳. ______________________________

اپنے پاؤں سے اپنے سر کے اوپر دونوں
ہاتھوں کے ساتھ بہہ تحریک بنائیں.

1 - 5:19 - روح کی بجھا نہیں کیا؛

۴. ______________________________

کیا روح نہیں بجھا.

ایک موم بتی کی طرح دائیں شہادت کی انگلی پکڑو. ایکٹ جیسے اگر آپ اسے باہر کو اڑانے کی کوشش کر رہے ہیں. ہلاو اپنے سر کے اشارہ "نہیں."

یاد داشت آیت

- جان 7:38 - جو کوئی بھی میرے میں خیال ہے کہ آنے اور پینے سکتے ہیں! کلام کے لئے اعلان، "زندہ پانی کی ندیوں کو اس کے دل سے بہہ جائے گا."

مشق

"انسان جو جوڑی میں اجلاس کی جگہ سے دور دور رہتا رہنما ہو جائے گا."

اخیر

یسوع اتھے نیں

- عبرانیوں 13:8 - یسوع مسیح کبھی نہیں بدلتی ہے! وہ ایک ہی کل، آج، اور ہمیشہ کیا ہے.

- میتھیو 31 15:30 - اور بڑی بھیڑ اس کے پاس آئے، ان کے سا تھ جو لوگ لنگڑے تھے، معذور، اندھا، گونگا، اور بہت سے دوس رے لانے، اور وہ انہیں اپنے پیروں پر نیچے رکھی، اور اس نے ا نہیں چنگا کیا. تو بھیڑ کے طور پر وہ گونگا

بولنے دیکھا، معذور ب حال اور لنگڑے گھومنا،
اور دیکھ کر اندھے اور وہ اسرائیل کے خدا عما.

- جان 10:10 - چور صرف آتا ہے اور تباہ مار
اور چوری؛ میں آیا ہے کہ وہ زندگی ہو سکتا ہے،
کیا ہے اور اسے مکمل کرنے کے ل ئے ہے.

۷

جاؤ

متلاشیوں نئی جگہوں کی تلاش، لوگوں کو کھو دیا، اور نئے مواقع: ایک سالک کے طور پر متعارف کرایا یسوع جاؤ. حضرت عیسی علیہ السلام جہاں اور وزیر جانے کے فیصلہ کس طرح کیا؟ اس نے ایسا نہیں کیا خود، وہ جہاں خدا کام کر رہا تھا کو دیکھنے کے لئے دیکھا، انہوں نے خدا میں شمولیت اختیار کی اور وہ جانتے تھے کہ خدا اس سے محبت کرتی تھی اور اسے دکھا جائے گا. ہم وزیر جہاں؟ اسی طرح ہے کہ یسوع نے کیا کس طرح کا فیصلہ کرنا چاہئے.

خدا کہاں کام کر رہا ہے؟ انہوں نے غریب کے درمیان کام کر رہی ہے، ٹوپی ، بیمار، اور مظلوم. دوسری جگہ خدا کے کام کر رہا ہے ہمارے خاندان میں ہے. انہوں نے ہمارے پورے خاندان کو بچانے کے لئے چاہتا ہے. سیکھنے کے لوگوں اور مقامات پر جہاں خدا ان کے اعمال کو 29 کا نقشہ پر کام کر رہا ہے تلاش.

حمد

نماز

1. ہم نے کھو دیا ہے لوگوں نے تمہیں بچایا جائے جانتے ہیں کے لئے کس طرح نماز ادا کر سکتے ہیں؟
2. ہم آپ گروپ کی تربیت کر رہے ہیں کے لئے کس طرح نماز ادا کر سکتے ہیں؟

پڑھائی

جائزہ

آٹھ تصاویر اس کی مدد ہم سے عیسی علیہ السلام پر عمل کیا ہو؟

ودھاؤ

تین باتیں ایک مینیجر کرتا ہے کیا ہیں؟
آدمی کو خدا کی پہلی کمانڈ کیا تھا؟
یسوع مسیح کے آخری آدمی کو کمانڈ کیا تھا؟
میں کس طرح نتیجہ خیز اور گنا ہو سکتا ہے؟
اسرائیل میں واقع دو سمندر ہیں؟
وہ کیوں ہیں اتنا مختلف ہے؟
آپ کون سا کی طرح بننا چاہتے ہیں؟

موہ کرو

تین باتیں ایک چرواہا کرتا ہے کیا ہیں؟
دوسروں کو سکھانے کے لئے سب سے اہم کمانڈ کیا ہے؟
محبت کہاں سے آتا ہے؟
سادہ عبادت کیا ہے؟
ہم سادہ عبادت کیوں ہے؟
یہ سادہ عبادت کرنے میں کتنے لوگوں کو لگتا ہے؟

دعا منگو

تین چیزوں کی ایک سنت آتی ہے کیا ہیں؟

ہم کس طرح ادا کرنا چاہئے؟

خدا نے ہمیں کس طرح جواب دیں گے؟

خدا کا فون نمبر کیا ہے؟

حکم منو

تین چیزوں کی ایک نوکر آتی ہے کیا ہیں؟

سب سے زیادہ اتھارٹی کون ہے؟

چار حکم دیتا ہے صفات ہر مومن کے لئے دیا ہے کیا ہیں؟

ہم یسوع کو کس طرح کی اطاعت کرنا چاہئے؟

ایک وعدہ صفات ہر مومن کے لئے دیا ہے کیا ہے؟

راہ چلو

تین چیزوں کا ایک بیٹا کرتا کیا ہیں؟

کیا یسوع کی وزارت میں طاقت کا منبع تھا؟

یسوع صلیب سے قبل روح القدس کے بارے میں وعدہ مومنوں کیا ہے؟

یسوع نے اس کے جی اٹھنے کے بعد روح القدس کے بارے میں وعدہ مومنوں کیا ہے؟

روح القدس کے بارے میں چار کی پیروی کرنے کا حکم دیتا ہے کیا ہیں؟

یسوع کس طرح دے سن ؟

- لوقا 19:10 - انسان کے بیٹے کے لئے حاصل کرنے اور بچانے جو کھو گیا تھا آ گیا ہے.

☝ آنکھوں کے اوپر ہاتھ کے ساتھ آگے پیچھے دیکھو.

اک چاہونڑ ہار کیہڑی تین شیواں دی چاہ رکھدا ہے ؟

نشان زد 1:37، 38 - اور جب وہ اسے مل گیا، انہوں نے سابق دعوی کیا کہ: "سب لوگ آپ کے لئے لگ رہا ہے!" یسوع نے جواب دیا، "ہمیں قریبی اور کرنے کے لئے کہیں جانا دو دیہات تو میں وہاں تبلیغ بھی کر سکتے ہیں ہے . یہی وجہ ہے کہ میں آیا ہوں."

_____ ۱.

_____ ۲.

_____ ۳.

یسوع نے کتھے وزیر بنن دا فیصلہ کیتا ؟

- جان 5:19، 20 - صفات نے ان کو یہ جواب دیا: "میں تم سے سچ کہتا ہوں، بیٹا خود کچھ نہیں کر سکتے ہیں، انہوں نے صرف وہی کر وں گا کہ وہ کیا دیکھتا ہے اس کا والد کر سکتا ہے ، کیونکہ جو کچھ بھی والد صاحب کا بیٹا بھی کرتا ہے کرتا ہے . والد بیٹے سے محبت کرتے ہیں اور اس کے تمام وہ کرتا ہے ظاہر کرتا ہے . جی ہاں، اس نے اسے اپنے کرنے کے لئے ان سے بھی زیادہ چیزوں کو دکھایا جائے گا."

_____ ۱.

☞ دل پر ایک طرف رکھ دو اور سر ہلا 'نہیں'.

_____ ۲.

☞ آنکھوں کے مقابلے میں ایک ہاتھ رکھو؛ تلاش بائیں اور دائیں.

48

۳. ______________________________

آپ کے سامنے میں ایک جگہ کی طرف پوائنٹ ہاتھ اور سر کے ہاں ہلا.

٤. ______________________________

تعریف میں ہاتھ اوپر اٹھائے اور پھر آپ کے دل پر ان کے پار.

سانوں کنج فیصلہ کرنا چا ھیدہ ہے ؟

- 1 جان 2:5، 6 - لیکن وہ لوگ جو خدا کا لفظ اطاعت واقعی دکھانے کے مکمل طور پر کس طرح انہوں نے اس سے پیار کرتا ہوں. یہی وجہ ہے کہ ہم کس طرح پتہ ہے کہ ہم اس میں رہ رہے ہیں. وہ لوگ جو کہتے ہیں کہ وہ خدا میں رہتے ہیں ان کی زندگی کے طور پر ح ضرت عیسی علیہ السلام نے کیا کرنا چاہئے.

سانوں کنج پتا لگو گا جو خداوند کم پیا کردہ ہے ؟

- جان 6:44 - مجھے کوئی نہیں آئے جب تک کہ باپ جس نے مجھے بھیجا ہے اسے ڈرا کر سکتے ہیں اور میں اسے آخری دن پر ضلع اٹھاؤنگا.

____

یسوع کتھے کم پے کردے نیں ؟

- لوقا 4:18 19 - رب کی روح مجھ پر ہے، کیونکہ وہ ابھیشیک مجھ غریب کو انجیل کی تبلیغ کرنا.

انہوں نے مجھے بھیجا-کی ٹوپی ، اور نظروں سے اندھے بازیابی کی رہائی کا اعلان کرنے کے لئے، جو ان لوگوں کو مفت مظلوم ہیں، یہوا کے موافق سال اعلان کرنے کے لئے قائم کرنے کے لئے ہے.

١. ______________________________

٢. ______________________________

٣. ______________________________

٤. ______________________________

دوجی تھاں کیہڑی اے جتھے یسوع کم پے کردے نیں ؟

ڈیمن کے پاس 5 انسان کے نشان

کرنےلیس پر کام کرتا-10

اعمال پر جیلر 16

یاد داشت آیت

- جان 12:26 - کوئی بھی جو میرے شاگرد بننا چاہتا ہے، مجھ پر عمل کریں ، کیونکہ میرے بندوں میں کہاں ہوں کرنی چاہیے. اور والد صاحب نے جو کوئی بھی مجھ سے کام کرتا ہے کا احترام کرے گا.

مشق

"جوڑی میں سب سے زیادہ بھائیوں اور بہنوں کے ساتھ انسان کا رہنما ہے."

اخیر

اعمال ۲۹ دا نقشہ - حصہ 2 ☙

"آپ کے اعمال پر 29 کا نقشہ، ڈرا، اور لیبل مقامات جہاں صفات کام کر رہی ہے. آپ کے نقشے پر کم از کم پانچ مقامات ہیں جہاں آپ کو معلوم ہے کہ حضرت عیسی علیہ السلام ہر جگہ پر کام کر رہی ہے اور ایک کراس متوجہ ہے کی شناخت کریں. لیبل کس طرح خدا نے اس علاقے میں کام کر رہی ہے."

۸

ونڈو

حصہ ایک فوجی کے طور پر حضرت عیسی علیہ السلام متعارف کروایا: فوجیوں کو جنگ میں دشمن، مشقت برداشت، اور قیدیوں کو آزاد کر دیا. یسوع ایک سپاہی ہے، جب ہم اس کی پیروی کرتے ہیں، ہم فوجیوں ہو بھی جائے گا.

جیسے ہی ہم خدا ہیں جہاں وہ کام کر رہا ہے میں شامل ہے، ہم روحانی جنگ کا سامنا ہے. مومنوں شیطان کو شکست کس طرح کرتے ہیں؟ ہم یسوع کی موت کی طرف سے اسے صلیب پر شکست ہماری گواہی اشتراک، اور ہمارے عقیدے کے لئے مرنے کے لئے خوف زدہ نہیں.

ایک طاقتور گواہی میری زندگی کی کہانی اشتراک سے پہلے میں نے یسوع مسیح، کس طرح میں نے یسوع سے ملاقات کی، اور فرق یہ ہے کہ حضرت عیسی علیہ السلام کے ساتھ چلنے میری زندگی میں کر رہا ہے سے ملاقات بھی شامل ہے. سندیں زیادہ مؤثر ہوتے ہیں جب ہم تین یا چار منٹ کے لئے ہمارے اشتراک کو محدود ہیں، جب ہم ہمارے تبادلوں کی عمر (کیونکہ عمر سے فرق نہیں پڑتا) میں شریک نہیں، اور جب آسانی سے سمجھ ہم زبان کافروں کو استعمال کر سکتے ہیں.

53

ایک مقابلہ سیشن کے ساتھ ختم ہوتی ہے: جو 40 کھو لوگوں کو وہ جانتے ہیں کے نام سے سب سے زیادہ تیزی سے لکھ سکتے ہیں. انعامات پہلی، دوسری اور تیسری جگہ کے لئے دی گئی ہیں، لیکن بالآخر سب کو انعام مل جائے کیونکہ ہم سب "فاتحین" ہیں جب ہم جانتے ہیں کہ کس طرح ہماری گواہی دینے کے لئے.

حمد

نماز

1. ہم نے کھو دیا ہے لوگوں نے تمہیں بچایا جائے جانتے ہیں کے لئے کس طرح نماز ادا کر سکتے ہیں؟
2. ہم آپ گروپ کی تربیت کر رہے ہیں کے لئے کس طرح نماز ادا کر سکتے ہیں؟

پڑھائی

جائزہ

آٹھ تصاویر اس کی مدد ہم سے عیسی علیہ السلام پر عمل کیا ہو؟

ودھاؤ

تین باتیں ایک مینیجر کرتا ہے کیا ہیں؟
آدمی کو خدا کی پہلی کمانڈ کیا تھا؟
یسوع مسیح کے آخری آدمی کو کمانڈ کیا تھا؟
میں کس طرح نتیجہ خیز اور گنا ہو سکتا ہے؟
اسرائیل میں واقع دو سمندر ہیں؟
وہ کیوں ہیں اتنا مختلف ہے؟
آپ کون سا کی طرح بننا چاہتے ہیں؟

موہ کرو

تین باتیں ایک چرواہا کرتا ہے کیا ہیں؟
دوسروں کو سکھانے کے لئے سب سے اہم کمانڈ کیا ہے؟
محبت کہاں سے آتا ہے؟
سادہ عبادت کیا ہے؟
ہم سادہ عبادت کیوں ہے؟
یہ سادہ عبادت کرنے میں کتنے لوگوں کو لگتا ہے؟

دعا منگو

تین چیزوں کی ایک سنت آتی ہے کیا ہیں؟
ہم کس طرح ادا کرنا چاہئے؟
خدا نے ہمیں کس طرح جواب دیں گے؟
خدا کا فون نمبر کیا ہے؟

حکم منو

تین چیزوں کی ایک نوکر آتی ہے کیا ہیں؟
سب سے زیادہ اتھارٹی کون ہے؟
چار حکم دیتا ہے صفات ہر مومن کے لئے دیا ہے کیا ہیں؟
ہم یسوع کو کس طرح کی اطاعت کرنا چاہئے؟
ایک وعدہ صفات ہر مومن کے لئے دیا ہے کیا ہے؟

راہ چلو

تین چیزوں کا ایک بیٹا کرتا کیا ہیں؟
کیا یسوع کی وزارت میں طاقت کا منبع تھا؟
یسوع صلیب سے قبل روح القدس کے بارے میں وعدہ مومنوں کیا ہے؟
یسوع نے اس کے جی اٹھنے کے بعد روح القدس کے بارے میں وعدہ مومنوں کیا ہے؟
روح القدس کے بارے میں چار کی پیروی کرنے کا حکم دیتا ہے کیا ہیں؟

جاؤ

تین چیزوں ایک سالک کرتا ہے؟
حضرت عیسی علیہ السلام کس طرح کا فیصلہ کیا ہے جہاں وزیر؟

ہم وزیر جہاں فیصلہ کس طرح کرنی چاہیے؟
ہم جہاں خدا کام کر رہی ہے کس طرح جان سکتا ہے؟
حضرت عیسی علیہ السلام کہاں کام کر رہا ہے؟
دوسری جگہ کا یسوع کہاں جاتا ہے کام کر رہا ہے؟

یسوع کس طرح دے سن ؟

- میتھیو 26:53 - نہیں کیا تم جانتے ہو کہ میں اپنے والد سے پوچھنا، اور فورا اس نے مجھ سے فرشتوں کی بارہ سے زائد دوبارہ بھیج سک تے ہیں؟

____

تلوار اٹھائے.

اک سپاہی کیہڑے تین کم کردہ ہے ؟

"خواندہ" نشان زد 15 1:12 - حق سے دور خدا کے روح نے یسوع صحرا میں جانا. انہوں نے چالیس دن کے لئے وہاں ٹھہرے رہے جبکہ شیطان نے اس کا تجربہ کیا ہے. یسوع نے جنگلی جانوروں کے ساتھ تھا، لیکن فرشتے اس کا خیال رکھا ہے. بعد جان کو گرفتار کر لیا گیا تھا، صفات نے گلیل کو گئے اور اچھی خبر بتایا ہے جو خدا کی طرف سے آتا ہے. انہوں نے کہا کہ "وقت آ گیا ہے! خدا کی بادشاہی یہاں جلد ہی ہو جائے گا. واپس اچھی خبر کو خدا اور یقین کرنے کے لئے بند کر دیں !"

۱. ______________________________

۲. ______________________________

۳. ______________________________

اسی شیطان نوں کنج ہرا سگدے ان ؟

- وحی کی - 12:11 - اور وہ میمنے کے خون کی
طرف سے اور ان کی گواہی کی طرف سے اسے
شکست دی ہے. اور وہ اپنی زندگی سے پیار
نہیں تھا اتنا کہ وہ مرنے سے ڈرتے تھے.

۱. ــ

🖐 مصلوب کے لیے آپ کی درمیانی انگلی سائن
زبان کے ساتھ اپنے ہاتھ کی دونوں ہتھیلیوں
کی طرف اشارہ ہے.

۲. ــ

🖐 منہ کے ارد گرد کپ کے ہاتھوں اگر آپ کے
طور پر کسی سے بات کر رہے ہیں.

۳. ــ

🖐 پلیس ایک ساتھ کلائی، کے طور پر اگر
زنجیروں میں.

اک تگڑی گواہی کی اے ؟

۱. ــ

🖐 آپ کے سامنے بائیں جانب کے لئے پوائنٹ.

۲. ____________________________________

- آپ کے سامنے میں مرکز کی طرف اشارہ ہے.

۳. ____________________________________

- اپنے دائیں جانب مڑیں اور ہاتھ اوپر اور نیچے منتقل کریں.

٤. ____________________________________

- پوائنٹ آپ کے مندر کے طور پر اگر آپ کے لئے کر رہے ہیں ایک کے بارے میں سوچ رہی ہے.

عمل کرن لئی کجھ موٹیاں گلاں کیہڑیاں نیں ؟

۱. ____________________________________

۲. ____________________________________

۳. ____________________________________

یاد داشت آیت

1 - 15:3 کرنتھیوں، 4 - کیا میں موصول میں
سب سے پہلے اہمیت کے طور پر آپ پر منظور:
کہ مسیح کلام کرنے کے مطابق ہمارے گناہوں ک
ے لئے مر گئے کہ وہ دفن کیا گیا تھا، کہ وہ کے
مطابق تیسرے دن پر اٹھایا گیا تھا کلام ...

مشق

" شخص کے رہنما، جو شخص سب سے پہلے جاتا ہوں گے."

لوں تے کھنڈ

اخیر

کون بری تیزی نال چالہی گواچے لوکاں دی لسٹ بنا سگدا ہے ؟

۹

بیجو

بونا ایک r کے طور پر حضرت عیسی علیہ السلام متعارف کروایا پلانٹ کے بیج، اپنے کھیتوں کرتے ہیں، اور ایک عظیم فصل میں آنندیت. یسوع ایک ہے اور وہ ہم میں رہتا ہے، جب ہم اس کی پیروی، ہم کو ہو گی. جب ہم ایک چھوٹا سا بونا، ہم ایک چھوٹی سی کاٹنا. جب ہم بہت بونا، ہم زیادہ کاٹنا.

ہم لوگوں کی زندگی میں کیا بونا چاہیے؟ صرف سادہ کا سخبار ان کو تبدیل اور ان کو خدا کے خاندان کو واپس لا سکتا ہے. ایک دفعہ ہم جانتے ہیں کہ خدا ایک انسان کی زندگی میں کام کر رہی ہے، ہم ان کے ساتھ سادہ سخبار اشتراک. ہم جانتے ہیں کہ یہ خدا کی طاقت ہے کہ وہ ان کو بچانے کے لئے ہے.

حمد

عبادت

1 - ہم نے کھو دیا ہے لوگوں نے تمہیں بچایا جائے جانتے ہیں کے لئے کس طرح نماز ادا کر سکتے ہیں؟
2 - ہم آپ گروپ کی تربیت کر رہے ہیں کے لئے کس طرح نماز ادا کر سکتے ہیں؟

پڑھائی

جائزہ

آٹھ تصاویر اس کی مدد ہم سے عیسی علیہ السلام پر عمل کیا ہو؟

ودھاؤ

تین باتیں ایک مینیجر کرتا ہے کیا ہیں؟
آدمی کو خدا کی پہلی کمانڈ کیا تھا؟
یسوع مسیح کے آخری آدمی کو کمانڈ کیا تھا؟
میں کس طرح نتیجہ خیز اور گنا ہو سکتا ہے؟
اسرائیل میں واقع دو سمندر ہیں؟
وہ کیوں ہیں اتنا مختلف ہے؟
آپ کون سا کی طرح بننا چاہتے ہیں؟

موہ کرو

تین باتیں ایک چرواہا کرتا ہے کیا ہیں؟
دوسروں کو سکھانے کے لئے سب سے اہم کمانڈ کیا ہے؟
محبت کہاں سے آتا ہے؟
سادہ عبادت کیا ہے؟
ہم سادہ عبادت کیوں ہے؟
یہ سادہ عبادت کرنے میں کتنے لوگوں کو لگتا ہے؟

دعا منگو

تین چیزوں کی ایک سنت آتی ہے کیا ہیں؟
ہم کس طرح ادا کرنا چاہئے؟
خدا نے ہمیں کس طرح جواب دیں گے؟
خدا کا فون نمبر کیا ہے؟

حکم منو

تین چیزوں کی ایک نوکر آتی ہے کیا ہیں؟
سب سے زیادہ اتھارٹی کون ہے؟
چار حکم دیتا ہے صفات ہر مومن کے لئے دیا ہے کیا ہیں؟
ہم یسوع کو کس طرح کی اطاعت کرنا چاہئے؟
ایک وعدہ صفات ہر مومن کے لئے دیا ہے کیا ہے؟

راہ چلو

تین چیزوں کا ایک بیٹا کرتا کیا ہیں؟
کیا یسوع کی وزارت میں طاقت کا منبع تھا؟
یسوع صلیب سے قبل روح القدس کے بارے میں وعدہ مومنوں کیا ہے؟
یسوع نے اس کے جی اٹھنے کے بعد روح القدس کے بارے میں وعدہ مومنوں کیا ہے؟
روح القدس کے بارے میں چار کی پیروی کرنے کا حکم دیتا ہے کیا ہیں؟

جاؤ

تین چیزوں ایک سالک کرتا ہے؟
حضرت عیسی علیہ السلام کس طرح کا فیصلہ کیا ہے جہاں وزیر؟
ہم وزیر جہاں فیصلہ کس طرح کرنی چاہیے؟
ہم جہاں خدا کام کر رہی ہے کس طرح جان سکتا ہے؟
حضرت عیسی علیہ السلام کہاں کام کر رہا ہے؟
دوسری جگہ کا یسوع کہاں جاتا ہے کام کر رہا ہے؟

ونڈو

تین چیزوں کی ایک فوجی آتی ہے کیا ہیں؟
ہم شیطان کی شکست کس طرح کروں؟

کیا ایک طاقتور گواہی خاکہ ہے؟
کچھ اہم ہدایات پر عمل کیا ہیں؟

یسوع کس طرح دے سن ؟

- میتھیو 13:36، 37 - پھر انہوں نے (عیسی علیہ السلام) بھیڑ کو چھوڑ دیا اور گھر میں گیا اور اس کے چیلے اس کے پاس آیا اور کہا، اور انہوں نے کہا کہ، "ہم سے میدان کے کی مثال بیان کیجیے." "ایک جو اچھی بیج ہے انسان کا بیٹا ہے ..." (BSAN کے)

کاشت کار
بکھیر بیج ہاتھ سے.

اک کاشت کار کیہڑے تین کم کردا اے ؟

- نشان زد 4:26 29 - پھر حضرت عیسی علیہ السلام نے کہا: کیا جب ایک کسان ایک کھیت میں بیج ہے ہوتا ہے جیسے خدا کی بادشاہی ہے. کسان رات کو سوتا ہے اور دن کے دوران اور اس کے ارد گرد ہے. ابھی تک کے بیج اور بڑھتی ہوئی رہو، اور وہ کس طرح سمجھ میں نہیں آ رہا ہے. یہ زمین کرتا ہے کہ بیج انکر اور پودوں کہ اناج کی پیداوار میں اگاتے ہے. پھر کسان جب فصل کا موسم آتا ہے، اور اناج پک ہے، یہ ایک ہنسیا کے ساتھ کاٹتا ہے. (VEC)

۱. ______________________________

۲. ______________________________

۳. ______________________________

سادہ انجیل کی اے ؟

- لیوک 1:24 7 - ہفتے کے پہلے دن پر، صبح میں
بہت جلد، خواتین مصالحے وہ بھی تیار کیا تھا لے
لیا اور قبر کے پاس گیا. انہوں نے م حسوس کیا پتھر
دور قبر سے نافذ ہے، لیکن جب وہ داخل ہوئے، انہوں
نے خداوند یسوع کی لاش نہیں مل سکا. جبکہ وہ اس
کے بارے میں س وچ رہے تھے، اچانک کپڑے ہے
کہ بجلی کی طرح میں دو مردوں کو ان کے پاس
کھڑے ہو گئے. ان کے ڈر میں خواتین کو ان ے
چہرے ک ے ساتھ زمین پر دنڈوت، لیکن مردوں نے
ان سے کہا،'' مردہ کے درمی ان رہنے کے لئے کیوں
کرتے نظر آتے ہیں؟ وہ یہاں نہیں ہے، وہ پہنچ چکے
ہیں! یاد رکھیں کہ کس طرح اس نے تم سے کہا تھا،
جبکہ وہ آپ کے ساتھ گلیل میں اب بھی تھا: ''انسان
کا پترا پاپیوں کے ہاتھ میں ہونے والا ہونا چاہئے،
مصلوب اور تیسرے دن پر دوبارہ اٹھایا جائے.'

پہلا...

۱. ____________________

اپنے ہاتھوں سے ایک بڑے دائرے کی مانند بنائیں.

۲. ____________________

ہک ایک دوسرے کے ساتھ ہاتھ.

دوجا...

١. ______________________________

- مٹھی کو بلند کرنے اور لڑنے کا ڈرامہ

٢. ______________________________

- ہک ہاتھ کے ساتھ اور پھر انہیں دور ھینچو.

تیجا...

١. ______________________________

- سر کے اوپر سے ہاتھ اٹھائے اور ایک ادومھی تحریک بنا.

٢. ______________________________

- یر کی مٹھی میں ہر ہاتھ کی درمیانی انگلی رکھ دو.

٣. ______________________________

- بائیں ہاتھ سے دائیں کہنی کو دبا کر رکھیں اور نے دفن اگر دائیں ہاتھ واپس وارڈ میں منتقل.

٤.

🖐 بازو تین انگلیوں کے ساتھ واپس اوپر اٹھاو.

٥.

🖐 ہاتھ جاوک کا سامنا کھجوروں کے ساتھ نیچے لے آو. اس کے بعد، آپ کی باہوں میں اضافہ اور آپ کے دل پر ان کے پار.

چوتھا ...

١.

🖐 ایک جس میں آپ کو یقین ہے کہ ہاتھ اٹھائے.

٢.

🖐 کھجوروں جاوک چہرہ تبرکشن کر رہے ہیں، سر دور کر دیا.

٣.

🖐 کپ ہاتھ.

٤.

🖐 ہک ایک دوسرے کے ساتھ ہاتھ.

یاد داشت آیت

- لوقا 8:15 - لیکن اچھی زمین پر بیج ایک عظیم اور اچھے دل کے ساتھ ان لوگوں کے، جو لفظ سن کے لئے کھڑا ہے، اسے برقرار رک ھنے، اور یقین کی اپچ کی طرف سے ایک فصل.

مشق

اخیر

اعمال ۲۹ : ۲۱ کتھے نیں ؟

اعمال ۲۹ دا نقشہ- حصہ3

۱۰

صلیب چک لو

اوپر لے لو سیمینار کے لئے بند سیشن ہے. یسوع نے ہمیں کمانڈ نے ہماری کراس کرنے کے لئے لے اور اسے ہر دن پر عمل کریں. پر کام کرتا ہے 29 کا نقشہ کراس ہے کہ یسوع نے ہر سیکھنے کے لے جانے کے لئے بلایا ہے کی ایک تصویر ہے.

اس آخری اجلاس میں، سیکھنے میں ان کے اعمال کو 29 گروپ میں کا نقشہ پیش کریں. ہر ایک پریزنٹیشن کے بعد گروپ پرستتکرتا پر ہاتھ دیتی ہے اور 29 کا نقشہ، خدا کی نعمت کے لئے نماز اور ان کا وزارت پر ابھیشیک کا کام کرتا ہے. گروپ تو کمانڈ بار بار پرستتکرتا کو چیلنج، "آپ کے پار لے لو، اور یسوع مسیح، کی پیروی" تین بار. سیکھنے والوں کو ان کے اعمال کے نتیجے میں 29 کا نقشہ پیش ہے جب تک تمام ختم کر دیا ہے.
تربیت وقت ایک تسلیم شدہ روحانی رہنما کی جانب سے کے چیلوں اور بند ہونے کی نماز کے لئے بنانے کا عزم کی عبادت کے گیت کے ساتھ ختم ہو جاتی ہے.

حمد

عبادت

جائزہ

آٹھ تصاویر اس کی مدد ہم سے عیسی علیہ السلام پر عمل کیا ہو؟

ودھاؤ

تین باتیں ایک مینیجر کرتا ہے کیا ہیں؟
آدمی کو خدا کی پہلی کمانڈ کیا تھا؟
یسوع مسیح کے آخری آدمی کو کمانڈ کیا تھا؟
میں کس طرح نتیجہ خیز اور گنا ہو سکتا ہے؟
اسرائیل میں واقع دو سمندر ہیں؟
وہ کیوں ہیں اتنا مختلف ہے؟
آپ کون سا کی طرح بننا چاہتے ہیں؟

موہ کرو

تین باتیں ایک چرواہا کرتا ہے کیا ہیں؟
دوسروں کو سکھانے کے لئے سب سے اہم کمانڈ کیا ہے؟
محبت کہاں سے آتا ہے؟
سادہ عبادت کیا ہے؟
ہم سادہ عبادت کیوں ہے؟
یہ سادہ عبادت کرنے میں کتنے لوگوں کو لگتا ہے؟

دعا منگو

تین چیزوں کی ایک سنت آتی ہے کیا ہیں؟
ہم کس طرح ادا کرنا چاہئے؟
خدا نے ہمیں کس طرح جواب دیں گے؟
خدا کا فون نمبر کیا ہے؟

حکم منو

تین چیزوں کی ایک نوکر آتی ہے کیا ہیں؟

سب سے زیادہ اتھارٹی کون ہے؟

چار حکم دیتا ہے صفات ہر مومن کے لئے دیا ہے کیا ہیں؟

ہم یسوع کو کس طرح کی اطاعت کرنا چاہئے؟

ایک وعدہ صفات ہر مومن کے لئے دیا ہے کیا ہے؟

راہ چلو

تین چیزوں کا ایک بیٹا کرتا کیا ہیں؟

کیا یسوع کی وزارت میں طاقت کا منبع تھا؟

یسوع صلیب سے قبل روح القدس کے بارے میں وعدہ مومنوں کیا ہے؟

یسوع نے اس کے جی اٹھنے کے بعد روح القدس کے بارے میں وعدہ مومنوں کیا ہے؟

روح القدس کے بارے میں چار کی پیروی کرنے کا حکم دیتا ہے کیا ہیں؟

جاؤ

تین چیزوں ایک سالک کرتا ہے؟

حضرت عیسی علیہ السلام کس طرح کا فیصلہ کیا ہے جہاں وزیر؟

ہم وزیر جہاں فیصلہ کس طرح کرنی چاہیے؟

ہم جہاں خدا کام کر رہی ہے کس طرح جان سکتا ہے؟

حضرت عیسی علیہ السلام کہاں کام کر رہا ہے؟

دوسری جگہ کا یسوع کہاں جاتا ہے کام کر رہا ہے؟

ونڈو

تین چیزوں کی ایک فوجی آتی ہے کیا ہیں؟

ہم شیطان کی شکست کس طرح کروں؟

کیا ایک طاقتور گواہی خاکہ ہے؟

کچھ اہم ہدایات پر عمل کیا ہیں؟

بیجو

تین چیزوں کرتا ہے کیا ہیں؟

سادہ انجیل جو ہم نے اشتراک کیا ہے؟

پڑھائی

یسوع ہر روز اپنے پیروکاراں نو کی کرن د حکم دیندے نے؟

لوقا 9:23 - پھر اس نے ان سب سے کہا: "اگر کسی کو میرے بعد آئے گا، وہ خود سے انکار کرتے ہیں اور اس کے پار لے روزانہ لازمی ہے اور میرے پیچھے."

چارآوازاں کِھڑیاں نے جیہریاں سلیب چکن دا کیندیاں نیں؟

اتے دی آواز

- 16:15 بطور "خوانده" نشان زد - اور پھر وہ ان سے کہا، "ساری دنیا میں جاؤ اور سب سے اچھا نیوز کی تبلیغ."

۱. ______

آسمان کی طرف پوائنٹ نے انگلی.

- لوقا 16:27 28 - "والد صاحب،" انہوں نے کہا کہ، "تو میں تم نے اسے میرے والد کے گھر کی وجہ سے میں پانچ بھائیوں کو ان کے انتباہ ہے بھیجن کی بھیک مانگتی ہوں، تو وہ بھی اس جگہ کو نہیں آئے گاکے عذاب کے.

۲. ______

زمین کی طرف پوائنٹ نیچے انگلی.

- 1 - کرنتھیوں 9:16.لیکن جب مجھے سخبار تبلیغ ہے، میں گھمنڈ نہیں کر سکتے ہیں، میں نے تبلیغ کے لئے مجبور کر رہا ہوں مجھ پر ہای اگر میں انجیل کی تبلیغ نہیں کرتے!

۳. ______________________________

👋 پوائنٹ انگلی آپ کے دل کی طرف.

- اعمال 16:9 - اس رات پال ایک خواب تھا: شمالی یونان میں مقدونیہ کی طرف سےایک آدمی کو وہاں کھڑا کیا گیا تھا، اس کے ساتھ درخواست، "میسیڈونیا کر نے کے لئے آو اور ہماری مدد کرو!"

٤. ______________________________

👋 گروپ کی طرف کپ کے ہاتھ اور ایک "یہاں آ" تحریک بنا.

اظہار کرنا

اعمال ۲۹ دے نقشہ جات ↩

سِکھلائی دیون والیاں دی سِکھلائی

ایہ سیکشن وستھار نال دسدا اے بئی سِکھلائی دین والیاں نوں ایس طرح کیویں تیار کرنا اے کہ اوہ ہوراں نوں وی سکھا سکن۔ سبھ توں پہلاں اسیں تہانوں دساں گے کہ تسی ''سُچے پرچارک'' بناؤن راہیں کیہ حاصل ہوون دی امید رکھ سکدے ہو۔ فیر، اسی سِکھلائی دے عمل دا خلاصہ دساں گے جہدے وچ 1 عبادت، 2دعا، 3 پڑھائی تے 4 عملی کم شامل نیں، جہدی بنیاد سبھ توں ودھ ضروری حکم تے ہے۔ آخر وچ اسی سِکھلائی دین والیاں دی سِکھلائی لئی کجھ خاص اصول دساں گے جہڑے ہزاراں سِکھلائی دین والیاں نوں تیار کردیاں ہویاں ساہنوں پتہ لگے۔

حاصل کیتے ہوئے نتیجے

''سُچے پرچارک بناؤن''دا عمل پورا ہوون مگروں سِکھلائی لین والے ایس قابل ہو جاؤن گے کہ:

- یسوع مسیح دیاں دسیاں ہوئیاں گلاں دی بنیاد تے دوجیاں نوں دس سبق سکھا سکن تے سِکھلائی دے عمل نوں اگے ودھاؤن۔
- یسوع دے سچے مرید دیاں اٹھ تصویراں سوچو۔
- چھوٹی جہی منڈلی وچ عبادت کرواؤ جہدی بنیاد سبھ توں خاص حکم تے ہووے۔
- پورے اعتماد نال اک تگڑا ثبوت تے انجیل پیش کرو۔

75

- گواچے ہوئے لوکاں تیکر اپڑن لئی اِک ٹھوس پوکھو پیش کرو اتے اعمال ۹۲ دی مدد نال ایمان والیاں نوں سکھاؤ۔
- یسوع دے مریداں دا اِک گروپ (منڈلی) شروع کرو (جنہاں وچوں کجھ چرچ بن جاؤن گے) اتے دوجیاں نوں وی ایہ کم کرن لئی آکھو۔

عمل

ہر سیشن دا ڈھانچا اکو اے۔ تھلے ترتیب تے وقت دا اندازہ دسیا گیا اے:

حمد

- ۱۰ منٹ
- کسے نوں سیشن شروع کرن لئی آکھو۔ منڈلی دے ہر بندے لئی خداوند دی برکت سے سیدھاں منگو۔ منڈلی وچوں کسے اِک دا ناؤں کجھ کورس یا حمداں گاؤن لئی دسو (اپنے موقعے دے حساب نال)؛ کوئی ساز وی رکھیا جا سکدا اے۔

دعا

- ۱۰ منٹ
- سِکھلائی لین والیاں دے جوڑے ایسے بندیاں نال بناؤ جہدے نال اوہ پہلا نہ رہے ہوون۔ ساتھی اک دوجے نو دو سوالاں دے جواب دسن:

۱ - اسی گواچے ہوئے لوکاں نوں بچاؤن لئی کیویں دعا کر سکدے ہاں؟
۲ - اساں اپنی منڈلی دے بندیاں لئی کیویں دعا کر سکدے ہاں؟

- جے کسے سِکھن والے نے منڈلی شروع نئیں کیتی تے اوہدے ساتھی نوں چاہیدا اے کہ اوہدے نال رل کے دوستاں تے گھر والیاں دی لسٹ بنائے جنہاں نوں سکھایا جا سکدا ہووے، اتے فیر اوس لسٹ وچ لکھے ہوئے لوکاں واسطے دعا کرواؤ۔

پڑھائی

سِکھلائی دے یسوعی نظام تے عمل کرن لئی ایہ چیزاں ضروری نیں: حمد، دعا، پڑھائی تے عملی کم۔ ایس عمل دی بنیاد سادہ عبادت دے ماڈل تے ہے جہدی ویاکھیا صفحہ 33 دے شروع وچ کیتی گئی اے۔ FJT مینوئل سے دس سبقاں لئی ''پڑھائی'' دا سیشن تھلے دِتا جا رہیا اے:

- ۳۰ منٹ
- "پڑھائی" دے ہر سیشن دی شروعات "جائزے" نال ہوندی اے۔ ایہ یسوع مسیح دیاں اٹھ تصویراں تے سبقاں دا جائزہ اے جنہاں تے اجے تیکر پوری پکڑ ہو چکی اے۔ سِکھلائی دے اخیر وچ سِکھن والے ساری سِکھلائی زبانی سناؤن دے قابل ہوون گے۔
- "جائزے" مگروں ٹرینر یاں اپرنٹس سِکھلائی لین والیاں نوں جاری سبق بارے دسدا تے زور دیندا اے کہ اوہ گوہ نال سُنن کیونجے اگے جا کے اوہ آپے وی دوجیاں نوں سکھاؤن گے۔
- جدوں ٹرینر سبق پیش کرن تے اوہناں نے ایس ترتیب نال چلنا چاہیدا اے:

1 - سوال پچھنا،
2 - کلام پڑھ کے سنانا،
3 - سِکھلائی لین والیاں نوں سوال دے جواب دیون وال لیاؤنا۔

ایس عمل راہیں خداوند دا کلام حیاتی دا حاکم بن جاؤند اے اتے صرف استاد ہی نئیں رہندا۔ استاد کئی واری سوال کردے، جواب

دیندے تے فیر اپنے جواب دی حمایت وچ پاک کلام پڑھدے نیں۔ ایہ ترتیب پاروں خداوند سے کلام دی تھانویں استاد حاکم بن جاؤندا اے۔

- جے سِکھلائی لین والے سوال دا جواب ٹھیک نہ دسن تے اوہناں دی غلطی ناں کڈھو، سگوں کلام دا حصہ اُچی اواز وچ پڑھن تے مُڑ جواب دیون لئی آکھو۔
- ہر سبق دے اخیر وچ ایک آیت یاد کیتی جاؤندی اے۔ سِکھن تے سکھاؤن والے اکٹھے کھلو کے آیت دس واری پڑھن: پہلاں آیت دا ناؤں نمبر دسن، فیر آیت پڑھن۔ سِکھن والے پہلی چھ واریاں وچ اپنی بائبلاں یا گائیڈاں ورت سکدے نیں۔ پر اخیرلی چار واریاں وچ منڈلی ساری آیت زبانی پڑھے۔ ساری منڈلی دس واری آیت پڑھے تے فیر بہہ جائے۔

مشق

- ۳۰ منٹ
- سکھاؤن والیاں (ٹرینرز) نے پہلاں سِکھلائی لین والیاں نوں "دعا" لئی جوڑیاں چ ونڈیا سی۔ اوہناں دا دعا والا ساتھی مشق لئی وی ساتھی اے۔
- ہر سبق وچ جوڑے دا "آگو" چنن لئی طریقہ دسیا گیا اے۔ ایہ آگو اوہ اے جہڑا پہلا سکھائے گا۔ سکھاؤن والا (ٹرینر) منڈلی نوں جوڑے وچوں اِک آگو چنن دا طریقہ دسدا اے۔
- ایہ آگو اپنے سکھاؤن والیاں دی مثال تے ٹردیاں ہویاں اپنے ساتھی نوں سکھاؤندا اے۔ سکھاؤن دے عرصے وچ جائزہ تے نواں سبق شامل ہونا چاہیدا اے، اتے اخیر وچ آیت زبانی یاد کیتی جاوے۔ سِکھلائی لین والے کھلو کے "زبانی آیت" پڑھن اتے ایہ پوری کر کے بہہ جاؤن، تانجو سکھاؤن والے ویکھ سکن بئی کس کس نے کم پورا کیتا اے۔
- جدوں جوڑے دا اِک بندا آیت پوری کر لوے تو دوجا بندا ایس عمل نوں فیر توں کرے۔ اِنج اوہ سِکھلائی دی چنگی مشق کر سکدے نیں۔ پَک کر لوو بئی جوڑا ایس عمل وچ کجھ چھڈے نا، یاں کوئی ڈنڈی نا مارے۔

- جدوں مشق کیتی جا رہی ہووے تے کمرے وچ ایدھر اودھر ٹُردے پھردے رہوو۔ ایس طرحاں اوہناں دا ٹھیک ٹھیک عمل کرن دا پک ہو جاوے گا۔ ہتھاں نوں نا ہلاؤن دا مطلب اے بئی اوہ تہاڈی مثال تے نئیں ٹر رہے۔ زور دیو کہ اوہ تہاڈے والے سٹائل دی نقل کرن۔
- اوہناں نوں ایک نواں ساتھی لبھن تے مُڑ تو مشق کرن لئی آکھو۔

اخیر

- ۲۰منٹ
- بوہتے سیشن سِکھلائی دی عملی مشق تے مکدے نیں۔ سِکھلائی لین والیاں نوں ایناں ویلا دیو کہ اوہ اپنے اعمال 29 تے کم کر سکن؛ اتے ٹُرن پھرن تے دوجیاں کولوں نویں خیال لین لئی آکھو۔
- کوئی وی ضروری اعلان کرو، اتے فیر کسے نوں سیشن دی برکت لئی دعا کرن واسطے آکھو۔ سِکھلائی دے اخیر تے ایسے بندے نوں دعا لئی بلاؤنا چاہیدا اے جہنے پہلاں دعا ناں کروائی ہووے۔ ساریاں نوں گھٹو گھٹ اِک واری دعا کروانی چاہیدی اے۔

سادہ عبادت

سادہ عبادت FJT سِکھلائی دا اِک اچیچا اَنگ اے ۔۔ مرید بناؤن لئی سبھ نالوں ضروری مہارتاں چوں اِک۔ سبھ توں وڈّے حُکم دی بنیاد تے سادہ عبادت لوکاں سکھاؤندی اے بئی اوہناں نے خداوند نال بھگتی دے حکم نوں پورے دل، پوری روح، پورے ذہن تے پوری طاقت نال کیویں مننا اے۔

اساں رب نوں دِلوں پیار کردے ہاں، اساں اوہدی بھگتی کردے ہاں۔ اساں اپنی پوری روح نال خداوند نال موہ رکھدے ہاں، ایس لئی اساں اوہدی عبادت کردے ہاں۔ اساں خداوند نوں اپنے سارے ذہن نال چاہوندے ہاں، سو اساں بائبل پڑھدے ہاں۔ اخیر وچ، اساں خداوند نوں اپنی ساری طاقت نال محبت کردے ہاں، سو اساں اپنی سکھی ہوئی چیزاں نوں عملی روپ دیندے ہاں تانجو دوجے وی اوہدا فیدہ چُک سکن۔

خداوند نے سارے جنوب مشرقی ایشیا وچ نِکی نِکی منڈلیاں نوں برکت دِتی اے جنہاں نے گھر، ریسٹورنٹ، پارک، سنڈے سکول یاں پیگوڈا وچ وی سادہ عبادت دی راہ پھڑی۔

عمل

- چار چار دیاں منڈلیاں بناؤ۔
- ہر بندہ سادہ عبادت دا اِک وکھرا حصہ لوے۔
- جدوں وی تسی سادہ عبادت کرو تے سِکھن والے واری واری وکھو وکھ حصہ لَین، سو سِکھلائی دے اخیر تے اوہناں نے ہر حصہ گھٹو گھٹ اِک والے کر لئیا ہووے گا۔

حمد

- ہر بندہ دو کورس یا حمداں گاؤن وچ منڈلی دی اگوائی کرے (موقعے دے حساب نال)۔
- سازاں دی لوڑ نئیں۔
- سِکھلائی دے سیشن وچ سِکھن والیاں نوں آکھو کہ اپنیاں کرسیاں اِنج رکھن جیویں وہ رَل کے کسے کیفے دی میز تے بیٹھے ہوون۔
- ہر منڈلی وکھو وکھ گیت گائے گی۔
- منڈلی نوں وضاحت کرو کہ ہن اپنے پورے دل نال منڈلی دی صورت وچ خداوند دی حمد کرن دا موقعا اے، نہ کہ ایہ ویکھن دا کہ کہڑی منڈلی سب نالوں اُچا گاؤندی اے۔

عبادت

- اِک ہور بندہ (جنہنے حمد دی اگوائی نہ کیتی ہووے) عبادت ویلے منڈلی دی اگوائی کرے۔
- عبادت کرواؤن والا منڈلی دے ہر بندے توں اِک دعا پچھے تے اوہنوں لکھ لوے۔
- عبادت دا آگو عہد کردا اے کہ اوہ منڈلی دے اگلی واری ملن تیکر ایہناں چیزاں بارے دعا کرے گا۔
- جدوں ہر بندہ اپنے اپنے ولوں دعا دس لئے تے عبادت کرواؤن والا منڈلی لئی عبادت کروائے۔

پڑھائی

- چار دی منڈلی وچ کوئی ہور بند پڑھائی کروائے۔
- پڑھائی کرواؤن والا بائبل وچوں کوئی کہانی اپنے لفظاں وچ سنائے؛ ساڈی صلاح اے کہ کہانیاں انجیلاں توں ہوون، گھو گھٹ شروع وچ تے ضرور۔
- منڈلی دی بنیاد تے تسی آگواں نوں آکھ سکدے ہو کہ اوہ پہلاں بائبل دی کہانی پڑھن تے فیر اوہنوں اپنے لفظاں وچ دسن۔

- جدوں پڑھائی کرواؤن والا بائبل دی کہانی سنا دیوے تے اپنی منڈلی توں تِن سوال پچھے:

1 - ایہ کہانی ساہنوں خداوند بارے کیہ سکھاؤندی اے؟
2 - کہانی انجیلاں بارے کیہ سبق دیندی اے؟
3 - ایس کہانی وچ میں کہڑی ایسی گل سکھی جو مینوں یسوع والی راہ تے ٹُرن لئی مدد دیوے گی؟

- منڈلی ہر سوال تے وکھ وکھ گل بات کرے، ایتھوں تیکر کہ آگو نوں لگے بئی ہور کوئی کرن والی گل نئیں رہ گئی۔ ایس توں مگروں اگلا سوال کیتا جاوے۔

مشق

- چار بندیاں دی منڈلی وچوں کوئی ہور بند مشق کروائے۔
- مشق کرواؤن والا آگو منڈلی نوں سبق دا فیر توں جائزہ لَین وچ مدد دیندا تے تسلی کردا اے بئی ہر کسے نوں سبق دی سمجھ آ گئی ہووے تے اوہ ہوراں نوں وی سکھاؤن دے قابل ہووے۔
- مشق کرواؤن والا بائبل دی اوہی کہانی سنائے جہڑی پڑھائی کرواؤن والے نے سنائی سی۔
- مشق دا آگو اوہی سوال پُچھے جہڑے پڑھائی کرواؤن والے نے پُچھے سن، اتے ہر سوال اُتے فیر توں گل بات کروائے۔

آخر

- سادہ عبادت دی منڈلی عبادت دے ویلے نوں اخیر تیکر اپڑاؤن لئی اک ہور حمدیہ گیت گاؤندی یاں رَل کے خداوند دی عبادت کردی ہے۔

اگے پڑھائی

پیش موضوع کے ایک سے زیادہ میں تفصیلی بحث کے لئے مندرجہ ذیل وسائل سے مشورہ کریں. مشن کے کام کے نئے علاقوں میں، یہ بھی پہلی کتابوں کی ایک اچھی فہرست ہے بائبل کے بعد کا ترجمہ کرنے کے لئے.

بل ہیمر ، پال (1975). عرش کے لئے قسمت میں لکھا. عیسائی ادب صلیبی جنگ.

بلیکا بی ، ہینری ٹی اور کنگ، کلاڈ V (1990). خدا کا سامنا: کچھ جاننے والا اور خدا کی مرضی کر رہی ہے. پریس ہے.

روشن، بل (1971). روح القدس کے ساتھ کس طرح بھرا ہوا ہے. مسیح کے لئے کیمپس صلیبی جنگ.

کارلٹن، آر بروس (2003). 29 ایوان کے قوانین: نظرانداز کی فصل قطعات کے درمیان تحریکیں چرچ پودے لگانے میں سہولت پیدا کرنے میں عملی تربیت. پریس ہے.

چن، جان. تربیت کے لیے ٹریننگ (T4T). اپرکاشت، کوئی تاریخ نہیں.

گراہم، بلی (1978). روح القدس: آپ کی زندگی میں خدا کے پاور کو چالو کرنے. W پبلشنگ گروپ.

ہود گیس ، ہرب (2001). میل کرنا ہو فاکس! ورلڈ بصیرت کے ورلڈ، عمارت کے لئے فاؤنڈیشن کے متاثر، چیلوں کے ری پروڈکشن ہے. روحانی زندگی منتراليوں.

ہائی بل ، بل (1988). مصروف بھی نماز ادا نہ کرنے کے لئے. پریس ہے.

مرے، اینڈریو (2007). نماز کے سکول میں مسیح کے ساتھ. پریس ہے.

آگ ڈین ، گریگ (2003). تبدیل: ایک ایک وقت میں چند کے چیلوں کی قضاء. پریس ہے.

پیکر، J. I (1993). خدا سب کچھ جاننے والا. پریس ہے

پیٹرسن جارج، اور سکو گن ، رچرڈ (1994). چرچ ضرب گائیڈ. ولیم کیری لائبریری.

پیپر، جان (2006). کیا عیسی علیہ السلام نے دنیا سے مطالبہ ہے. کتب

www.ingramcontent.com/pod-product-compliance
Lightning Source LLC
Chambersburg PA
CBHW070552030426
42337CB00016B/2458